HEL

*Daar, in die hel, gaan die wurms nie dood
nie en word die vuur nie uitgeblus nie.
Almal sal met die vuur van beproewing gelouter word.
(Markus 9:48-49)*

HEL

Dr. Jaerock Lee

HEL deur Dr. Jaerock Lee

Gepubliseer deur Urim Boeke (President: Johnny. H. Kim)

235-3, Guro-dong 3, Guro-gu, Seoul, Korea
www.urimbooks.com

Alle regte voorbehou. Geen deel van hierdie publikasie mag gereproduseer, in 'n data-sentrum geberg of vermenigvuldig word in enige vorm of deur enige medium – elektronies, meganies, fotografies, fonografies of enige enige ander vorm van opname – sonder die voorafgaande skriftelike verlof van die uitgewer nie.

Alle Teksverwysings is geneem vanuit Die Bybel, Nuwe Vertaling (met herformulerings) 1975, 1979, 1983,1986 deur die Bybelgenootskap van Suid-Afrika

Kopiereg © 2010 deur Dr. Jaerock Lee
ISBN: 979-11-263-1252-8 03230
Vertaling Kopiereg © 2004 deur Dr. Esther K. Chung.

Voorheen gepubliseer in Koreaans deur Urim Boeke in 2002

Eerste Uitgawe: Desember 2011

Geredigeer deur Dr. Geumsun Vin
Ontwerp deur die Redaksionele Buro van Urim Boeke
Vir meer inligting kontak urimbook@hotmail.com
For more information contact at urimbook@hotmail.com

Inleiding

Ek vertrou dat hierdie boek sal dien as die brood van die lewe wat ontelbare siele na die pragtige hemel sal lei deur hulle toe te laat om die liefde van God, wie wil hê dat alle mense die saligheid moet ontvang, te verstaan...

Deesdae, wanneer mense hoor van die hemel en die Hel sal die meeste van hulle negatief reageer, deur te sê, "Hoe kan ek sulke dinge in hierdie moderne wetenskaplike beskawing glo?" "Was jy al ooit hemel of Hel toe?" of "Jy weet eers van hierdie dinge nadat jy dood is."

Jy moet vooraf weet dat daar na die dood, lewe is. Dit is te laat teen die tyd wat jy jou laaste asem uitblaas. Nadat jy jou laaste asem in hierdie wêreld uitgeblaas het, sal jy nie weer 'n geleentheid hê om jou lewe oor te leef nie. Slegs God se Oordeel, waardeur jy sal oes wat jy gesaai het, wag op jou.

HEL

Deur middel van die Bybel het God alreeds die weg van die saligheid openbaar, asook die hemel en die Hel se bestaan, tesame met die Oordeel wat in ooreenstemming met woord van God sal plaasvind. Hy het wonderwerke van Sy krag deur baie Ou Testamentiese profete en Jesus ten uitvoer gebring.

Selfs vandag nog wys God jou dat Hy lewe en dat die Bybel waar is, deur wonderwerke, tekens en ander wonderlike werke van Sy krag te laat plaasvind, soos in die Bybel deur Sy mees lojale en gelowige diensknegte opgeteken is. Ten spyte van die oorvloedige bewyse van Sy werke, is daar nogtans 'n klomp ongelowiges. Dus het God vir Sy kinders die Hemel en die Hel gewys, en hulle aangemoedig om van alles wat hulle regoor die wêreld gesien het, te getuig.

Die God van liefde het ook die hemel en die Hel volledig aan my openbaar, en daarop aangedring dat ek die boodskap dat Christus se Wederkoms naby is, aan die heelal moet verkondig.

Wanneer ek boodskappe oor ellendige en weersinwekkende tonele in die Laergraf wat aan die Hel behoort, verkondig, kon ek sien hoe van my gemeentelede bewe en in nood in trane uitbars, as gevolg van siele wie verskriklike en wrede strawwe in die Laergraf moet deurmaak.

Ongeredde siele bly in die Laergraf totdat die Oordeel van die Groot Wit Troon plaasvind. Na die Oordeel sal die ongeredde siele in die meer van vuur of die meer met brandende swael gegooi word. Die strawwe in die meer van vuur of die meer met brandende swael is baie erger as die Laergraf se strawwe.

Ek skryf aangaande dit wat God deur middel van die Heilige

Inleiding

Gees aan my openbaar het, soos op God se woord in die Bybel gebaseer. Hierdie boek kan genoem word die boodskap van opregte liefde van God die Vader wie soveel as moontlik mense wil red van die sonde deur hulle byvoorbaat te laat weet van die Hel se ewigdurende ellende.

God het Sy eie Seun gegee, om vir alle mense aan die kruis te sterf. Hy wou voorkom dat nie een siel in die ellendige Hel beland nie. God ag een siel meer kosbaar as die hele wêreld en daarom is Hy uiters verheug en gelukkig, en vier dit saam met hemelse skares en engele wanneer een siel in die geloof gered word.

Ek gee alle eer en dank aan God wie my gelei het om hierdie boek te publiseer. Ek vertrou dat jy God, wie nie een siel aan die Hel wil verloor nie, se hart sal verstaan, en dat jy ware geloof sal bekom. Verdermeer, ek dring daarop aan dat jy die evangelie aan al daardie siele wie in die rigting van die Hel beweeg, sal verkondig.

Ek spreek ook my dank uit teenoor Urim Boeke en hul personeel, insluitende Geumsun Vin, Direkteur van die Redaksionele Buro. Ek vertrou dat al die lesers die feit sal besef dat daar inderwaarheid 'n ewige lewe na die dood en Oordeel bestaan, en dat hulle volmaakte saligheid sal bekom.

Jaerock Lee

Voorwoord

Ek bid dat ontelbare siele die ellende van die Hel sal verstaan, sal bely, en terugkeer van die doodsweg en gered sal word...

Die Heilige Gees het vir Dr. Jaerock Lee, die Senior Pastoor van die Manmin Sentrale Kerk, geïnspireer om te leer omtrent die lewe na die dood asook van die ellendige Hel. Ons het sy boodskappe saamgestel en vandag Hel gepubliseer, sodat ontelbare mense duidelikheid en juistheid oor die Hel kan verkry. Ek gee alle eer en dank aan God.

Baie mense is vandag nuuskierig omtrent die lewe na die dood, maar dit is onmoontlik om met ons beperkte vermoëns antwoorde daaroor te verkry. Hierdie boek is 'n duidelike en omvattende rekenskap van die Hel, wat gedeeltelik aan ons in die Bybel onthul word. Hel bestaan uit nege hoofstukke.

Voorwoord

Hoofstuk 1 "Bestaan Hemel en Hel werklik?" beskryf 'n algehele samestelling van die hemel en die Hel. Deur middel van die gelykenis van die ryk man en die bedelaar Lasarus in Lukas 16, die Bograf – waar die geredde siele sedert die Ou Testamentiese tye gewag het – die Laergraf – waar ongeredde siele tot die Groot Oordeel gefolter word – word verduidelik.

In hoofstuk 2 "Die Weg na Saligheid vir Hulle Wie Nooit die Evangelie Gehoor het nie" die oordeel van gewete word bespreek. Spesifieke kriteria van oordeel vir baie gevalle word ook verduidelik: ongebore fetusse van abortering of miskraam, kinders van geboorte tot vyfjarige ouderdom, en kinders vanaf die ouderdom van ses tot hul tienderjare.

Hoofstuk 3 "Laergraf en die Identiteit van die Boodskappers van die Hel" word in die wagplek in die Laergraf deeglik bearbei. Na die dood bly mense vir drie dae in die wagplek, die Laergraf, waarna hulle na verskillende plekke in die Laergraf, ooreenkomstig die ernstigheid van hul sondes gestuur word, en wreed gefolter word totdat die Oordeel van die Groot Wit Troon plaasvind. Die identiteit van die bose geeste wat die Laergraf beheer word ook verduidelik.

Hoofstuk 4 "Stawwe in die Laergraf vir Ongeredde Kinders" getuig daarvan dat selfs sommige onvolwasse kinders, wie nie tussen reg en verkeerd kan onderskei nie, kan nie die saligheid ontvang nie. Verskillende soorte strawwe wat vir die kinders opgelê word, is volgens ouderdomsgroepe ingedeel: Strawwe vir fetusse en suigelinge, kleuters, kinders van drie tot vyf jaar oud en kinders van ses tot twaalf jaar oud.

Hoofstuk 5 "Strawwe vir Mense Wie na Puberteitsjare Sterf," verduidelik strawwe wat vir mense ouer as jeugdiges opgelê word. Strawwe vir enigiemand rofweg ouer as dertien word in vier vlakke verdeel, ooreenkomstig die ernstigheid van hul sondes. Hoe groter 'n persoon se sondes hoe groter straf ontvang daardie persoon.

Hoofstuk 6 "Strawwe vir die Lastering van die Heilige Gees," herinner die lesers daaraan dat soos in die Bybel geskrywe, is daar sekere onvergeeflike sondes, waaroor jy nie kan bely en vergewe word nie. Die hoofstuk beskryf ook verskillende soorte strawwe met behulp van breedvoerige voorbeelde.

Hoofstuk 7 "Saligheid gedurende die Groot Beproewing" waarsku ons dat ons in die eindtyd lewe en dat die Here se Wederkoms baie naby is. Hierdie hoofstuk verduidelik vir ons in die fynste besonderhede wat met Christus se Wederkoms gaan gebeur, en daardie mense wat agtergelaat word gedurende die Beproewing kan slegs Saligheid deur martelaarskap verkry. Dit moedig jou ook aan om jouself soos 'n bruid vir die Here Jesus voor te berei, om deel te wees van die Sewe-jaar Huweliksgeleentheid, en om te verhoed dat jy na die Verrukking agtergelaat word.

Hoofstuk 8 "Strawwe in die Hel na die Groot Oordeel," borduur voort op die Oordeel aan die einde van die Millennium, hoe ongeredde siele vanaf die Laergraf na die Hel verskuif word, en verskillende soorte strawwe hulle opgelê word, en die bestemming van die sondige geeste sowel as hulle strawwe.

Hoofstuk 9 "Waarom moes die God van Liefde die

Hel Voorberei?" verduidelik God se volop en oorvloedige liefde, wat deur middel van Sy opoffering van Sy enigste Seun gedemonstreer word. Die finale hoofstuk verduidelik breedvoerig waarom hierdie God van liefde die Hel moes maak.

Hel moedig jou ook aan om God, wie wil hê dat alle siele die saligheid moet verkry, se liefde te verstaan en in die geloof waaksaam te wees. Hel eindig deur jou aan te spoor om soveel as moontlik siele op die weg van die saligheid te lei.

God is vol genade en deernis, en is liefdevol. Vandag met die hart van 'n vader wagtend vir sy verlore seun om terug te kom, is God ernstig in afwagting vir alle verlore siele om ontslae van hul sondes te raak, en die saligheid te ontvang.

Daarom, hoop ek ernstig dat ontelbare siele regoor die wêreld sal verstaan en besef dat die ellendige Hel werklik bestaan, en spoedig na God sal terugkeer. Ek bid ook in die naam van Jesus Christus dat alle gelowiges in die Here hulself waaksaam en gereed sal hou, om soveel as moontlik mense na die hemel te lei.

Geumsun Vin
Direkteur van die Redaksionele Buro

Inhoudsopgawe

Inleiding

Voorwoord

Hoofstuk 1 –

Is Daar Ongetwyfeld 'n Hemel en 'n Hel? • 1

1. Hemel en Hel Bestaan Ongetwyfeld
2. Die Gelykenis van die Ryk Man en die Bedelaar Lasarus
3. Die Struktuur van Hemel en Hel
4. Die Bograf en Paradys
5. Die Laergraf, 'n Wagplek En Roete na die Hel

Hoofstuk 2 –

Die Weg van die Saligheid vir Hulle Wie Nooit die Evangelie Hoor nie • 25

1. Oordeel van Gewete
2. Ongebore Babas van Aborsie of Miskraam
3. Kinders van Geboorte tot Ouderdom van Vyf
4. Kinders tussen die Ouderdom van Ses en Vroeë Tienderjare
5. Was Adam en Eva Gered?
6. Wat Het van die Eerste Moordenaar Kain geword?

Hoofstuk 3 –

Laergraf en die Identiteit van die Boodskappers van die Hel • 57

1. Die Boodskappers van die Hel Neem Mense na die Laergraf
2. 'n Wagplek na die Wêreld van Bose Geeste
3. Verskillende Strawwe in die Laergraf Vir Verskillende Sondes
4. Satan in Beheer van die Laergraf
5. Die Identiteit van die Boodskappers van die Hel

Hoofstuk 4 –

Strawwe in die Laergraf vir Ongeredde Kinders • 75

1. Fetus en Suigeling
2. Kleuters
3. Kinders Oud Genoeg om te Loop en te Praat
4. Kinders vanaf Ouderdom Ses tot Twaalf
5. Jeugdiges Wie vir Profeet Elisa Bespot het

Hoofstuk 5 –

Strawwe vir Mense Wie na Puberteitsjare sterf • 93

1. Die Eerste Strafvlak
2. Die Tweede Strafvlak
3. Die Straf van Farao
4. Die Derde Strafvlak
5. Die Straf van Pontius Pilatus
6. Die Straf van Saul die Eerste Koning van Israel
7. Die Vierde Strafvlak vir Judas Iskariot

Hoofstuk 6 –

Strawwe vir die Lastering van die Heilige Gees • 137

1. Ly in 'n Pot met Kokende Vloeistof
2. Opklim teen 'n Loodregte Rotswand
3. Geskroei in die Mond met 'n Verhitte Yster
4. Geweldige Groot Foltermasjiene
5. Vasgebind aan 'n Boomstam

Hoofstuk 7 –

Saligheid gedurende die Groot Beproewing • 167

1. Christus se Wederkoms en die Verrukking
2. Die Sewe-jaar Groot Beproewing
3. Martelaarskap Gedurende die Groot Beproewing
4. Christus se Tweede Wederkoms en die Millennium
5. Voorbereiding om die Here se Pragtige Bruid te wees

Hoofstuk 8 –

Strawwe in die Hel na die Groot Oordeel • 193

1. Ongeredde Siele Beland in die Hel na die Oordeel
2. Die Vuurpoel en die Poel met Brandende Swael
3. Sommiges Bly in die Laergraf Selfs Na die Oordeel
4. Duiwelse Geeste sal Vasgevang word in die Bodemlose Poel
5. Waar Sal die Bose Geeste Opëindig?

Hoofstuk 9 –

Waarom Moes die God van Liefde die Hel Voorberei? • 227

1. God se Geduld en Liefde
2. Waarom Moes die God van Liefde die Hel Voorberei?
3. God Wil hê dat Alle Mense Saligheid Ontvang
4. Verkondig die Evangelie Vrymoediglik

Hoofstuk 1

Is Daar Ongetwyfeld 'n Hemel en 'n Hel?

1. Hemel en Hel Bestaan Ongetwyfeld
2. Die Gelykenis van die Ryk Man en die Bedelaar Lasarus
3. Die Struktuur van Hemel en Hel
4. Die Bograf en Paradys
5. Die Laergraf, 'n Wagplek En Roete na die Hel

"Hy het hulle geantwoord, 'Aan julle is dit
gegee om die geheime van die koninkryk van
die hemel te ken, maar
aan hulle is dit nie gegee nie.'"
(Matteus 13:11)

"En as jou oog jou van My afvallig laat word,
pluk hom uit! Dit is beter dat jy met een oog
die koninkryk van God ingaan as dat jy altwee
oë het en in die hel gegooi word."
(Markus 9:47)

Die meeste mense rondom ons is bang vir die dood en lewe in vrees en angs om hulle lewens te verloor. Nieteenstaande dit, soek hulle steeds nie vir God nie, omdat hulle nie in die lewe na die dood glo nie. Verdermeer, baie mense wat hulle geloof in Christus bely, blyk te faal om in die geloof te lewe. Weens dwaasheid twyfel mense en glo nie in die lewe na die dood nie, selfs al het God die lewe na die dood, die hemel en die Hel, in die Bybel reeds aan ons openbaar.

Die lewe na die dood is 'n onsigbare geestelike wêreld. Dus, mense kan dit nie begryp nie, behalwe wanneer God wil hê dat hulle dit moet verstaan. Soos wat dit herhaaldelik in die Bybel geskrywe staan, die hemel en die Hel bestaan werklik. Dit is waarom God die hemel en die Hel aan so baie mense regoor die wêreld vertoon, sodat hulle dit na al die uithoeke van die aarde kan verkondig.

"Hemel en Hel bestaan werklik."

"Hemel is 'n pragtige en bekoorlike plek terwyl die Hel 'n aaklige en ellendige plek is, erger as wat jy jou kan voorstel. Ek dring sterk daarop aan, dat jy glo in die voortsetting van die lewe na die dood."

"Dit hang van jouself af of jy hemel of hel toe gaan. Om te voorkom dat jy in die Hel beland, moet jy jou sondes dadelik bely, en Jesus Christus aanneem."

"Werklik die Hel bestaan. Dit is waar die mense in die vuur vir ewig en altyd ly. Dit is ook waar dat die hemel bestaan. Die

HEL

hemel kan jou ewige woning word."

Die God van liefde het aan my sedert Mei 1984 omtrent die hemel verduidelik. Hy het ook begin om sedert Maart 2000 die Hel aan my in volle besonderhede te beskryf. Hy het my gevra om my kennis wat ek omtrent die hemel en die Hel opgedoen het, regoor die wêreld te versprei, sodat niemand in die meer van vuur of swael gestraf sal word nie.

God het eenkeer vir my 'n siel gewys wie in die Laergraf, waar hulle wie angstig wag om Hel toe te gaan, geweeklaag het met berou. Die siel het geweier om die Here aan te neem, ten spyte daarvan dat hy baie geleenthede gehad het om die evangelie te hoor, en uiteindelik na die dood in die Hel beland het. Die volgende is sy erkentenis:

>Ek tel die dae.
>Ek tel, tel, en tel
>maar hulle is eindeloos.
>Ek moes probeer het om Jesus Christus aan te neem
>Toe hulle my van Hom vertel het.
>Wat sal ek nou doen?
>
>Dit is heeltemal nutteloos
>Selfs al sou ek nou berou toon.
>Ek weet nie wat om nou te doen nie.
>Ek wil ontvlug van hierdie lyding
>Maar ek weet nie wat om te doen nie.

Ek tel een dag, twee dae, en drie dae.
Maar selfs al tel ek die dae op hierdie wyse,
weet ek nou dat dit nutteloos is.
My hart skeur uitmekaar.
Wat sal ek doen? Wat sal ek doen?
Hoe kan ek van hierdie groot pyn verlos word?
Wat sal ek doen, o, my arme siel?
Hoe kan ek dit verduur?

1. Hemel en Hel Bestaan Ongetwyfeld

Hebreërs 9:27 skryf dat "'n Mens is bestem om net een maal te sterf, en daarna kom die oordeel." Alle mans en vrouens is bestem om te sterf en nadat hulle hul laaste asem uitgeblaas het, sal hulle na die oordeel die hemel of die Hel binnegaan.

God wil hê dat elkeen die hemel binnegaan, omdat Hy liefde is. God het Jesus Christus voorberei, voordat tyd ontstaan het, en het die deur na saligheid vir die mensdom op die regte tyd geopen. God wil nie hê dat 'n enkele siel in die Hel beland nie.

Romeine 5:7-8 deel ons mee dat "'n Mens gee tog nie sommer jou lewe prys nie, selfs nie vir 'n regverdige nie. Ja tog, vir 'n goeie mens sal iemand miskien nog die moed hê om te sterwe. Maar God bewys sy liefde vir ons juis hierin dat Christus vir ons gesterf het toe ons nog sondaars was." Inderwaarheid, God het Sy liefde aan ons getoon deur Sy enigste Seun onverbiddelik vir ons sondes te gee.

Die deur van die saligheid is wyd oop sodat enigiemand wie

Jesus Christus as hy of sy Verlosser aanneem, gered kan word en die hemel kan binnegaan. Alhoewel, die meeste mense het geen belangstelling in die hemel of die Hel nie, selfs al hoor hulle daarvan. Verdermeer, sommiges van hulle vervolg selfs mense wie die evangelie verkondig.

Die hartseerste feit is dat mense wie verkondig dat hulle in God glo, steeds die wêreld liefhet en sondes pleeg, omdat hulle eintlik geen hoop vir die hemel het en die hel nie vrees nie.

Deur die verklarings, getuienisse en die Bybel

Hemel en Hel bestaan in die geestelike wêreld werklik. Die Bybel meld by baie geleenthede die hemel en die Hel se bestaan. Hulle wie hemel of Hel toe is, getuig ook daarvan. Byvoorbeeld, in die Bybel, vertel God vir ons hoe ellendig dit in die Hel is, sodat ons eerder 'n ewigdurende lewe in die hemel moet bekom, in plaas daarvan om na die dood in die Hel te beland.

As jou hand jou van My afvallig laat word, kap hom af! Dit is beter dat jy vermink in die lewe ingaan as dat jy altwee jou hande het en na die hel toe gaan, in die onblusbare vuur. En as jou voet jou van My afvallig laat word, kap hom af! Dit is beter dat jy kreupel die lewe ingaan as dat jy altwee jou voete het en in die hel gegooi word. En as jou oog jou van My afvallig laat word, pluk hom uit! Dit is beter dat jy met een oog die koninkryk van God ingaan as dat jy altwee oë het en in die hel gegooi word. Daar gaan die wurms nie dood nie en word die vuur nie uitgeblus nie. Almal sal met die vuur van beproewing gelouter word (Markus 9:43-49).

Hulle wie Hel toe is het dieselfde getuig soos wat die Bybel verkondig. In die Hel, "Daar gaan die wurms nie dood nie en word die vuur nie uitgeblus nie. Almal sal met die vuur van beproewing gelouter word."

Dit is kristalhelder dat na die dood daar 'n hemel en 'n Hel is, soos in die Bybel geskryf staan. Daarom, jy moet volgens God se woord lewe om die hemel binne te gaan, en met jou verstand glo in die hemel en Hel se bestaan.

Jy moet nie soos die siel treur met berou, waar hy gemeld het van die lyding sonder einde in die Laergraf, omdat hy geweier het om die Here aan te neem, terwyl hy so baie geleenthede verwerp het om na die evangelie te luister.

In Johannes 14:11-12 sê Jesus vir ons, "Glo in My omdat Ek in die Vader is en die Vader in My; of anders, glo op grond van die werke self. Dit verseker Ek julle: Wie in My glo, sal ook die dinge doen wat Ek doen; en hy sal nog groter dinge as dit doen, omdat Ek na die Vader toe gaan."

Jy kan 'n persoon wie 'n man van God is, erken wanneer kragtige werke bo die mens se vermoëns hom vergesel, en jy ook kan bevestig dat sy boodskap in ooreenstemming met die ware woord van God is.

Ek het Jesus Christus verkondig, en kragtige werke van die lewende God regoor die wêreld uitgevoer, terwyl ek kruistogte aangebied het. Wanneer ek in die naam van Jesus Christus gebid het, het ontelbare mense geglo en die saligheid ontvang, omdat verbasende en kragtige wonderwerke plaasgevind het: die blindes kon weer sien, die stommes kon weer praat, die verlamdes kon regop staan, die sterwendes is opgewek ensovoorts.

Op hierdie wyse het God deur my Sy kragtige werk ten

uitvoer gebring. Hy het ook die hemel en die Hel breedvoerig beskryf en my toestemming gegee, om dit regoor die wêreld aan soveel as moontlik mense te verkondig, sodat baie mense daardeur gered kon word.

Vandag is baie mense nuuskierig omtrent die lewe na die dood – die geestelike wêreld – maar dit is onmoontlik om die geestelike wêreld met menslike kennis, duidelik te verstaan. Jy kan gedeeltelik daarvan in die Bybel leer. Alhoewel, jy kan dit baie duidelik verstaan wanneer God dit verduidelik terwyl jy vervul is met die Heilige Gees, want die Gees deursoek alle dinge, ook die diepste geheimenisse van God (1 Korintiërs 2:10).

Ek vertrou dat jy my beskrywing van die Hel volkome glo, aangesien dit op verse in die Bybel gebaseer is, wat God self aan my verduidelik het, terwyl ek heeltemal Gees vervuld was.

Waarom die Oordeel van God en die straf in die Hel verkondig

Wanneer ek 'n boodskap oor die Hel lewer, sal die gelowiges met die Heilige Gees gevul wees, en sonder enige vrees daarna luister. Nogtans is daar diegene wie se gesigte van die spanning vertrek, en hulle gereelde bevestigende reaksie soos "Amen" en "Ja" sal geleidelik gedurende die erediens verflou. Die ergste is dat mense met min geloof stop om eredienste by te woon, of verlaat selfs die kerk uit vrees, in plaas daarvan om hulle geloof te bevestig, in die hoop om in die hemel te kom.

Nieteenstaande, moet ek die Hel verduidelik, omdat ek God se hart verstaan. God is so besorg oor mense wie na die Hel beweeg, omdat hulle steeds in die duisternis lewe, en aanklank vind by die wêreldse leefwyse, ten spyte daarvan dat sommiges getuig het dat hulle in Jesus Christus glo.

Daarom, gaan ek die Hel verduidelik, sodat God se kinders in die lig kan lewe, en die duisternis verwerp. God wil hê dat Sy kinders hulle sondes moet bely en die hemel ingaan, selfs al het hulle vrees en ongemak wanneer hulle omtrent God se Oordeel, en van die straf in die Hel hoor.

2. Die Gelykenis van die Ryk Man en die Bedelaar Lasarus

In Lukas 16:19-31, het beide die ryk man en die bedelaar Lasarus na hul dood na die Graf gegaan. Vandaar het hul toestande en voorwaardes drasties verskil.

Die ryk man het in groot pyn in die vuur verkeer, terwyl Lasarus aan Abraham se kant, oor 'n groot kloof ver weg was. Waarom?

In Ou Testamentiese tye was die oordeel van God volgens die Wet van Moses uitgevoer. Aan die een kant het die ryk man die straf van die vuur ontvang, omdat hy nie in God geglo het nie, alhoewel hy in hierdie wêreld in groot luuksheid gelewe het. Aan die ander kant, die bedelaar Lasarus kon die ewigdurende rus geniet, omdat hy in God geglo het alhoewel hy met sere oortrek was, en daarna gesmag het om enigiets te eet wat van die ryk man se tafel afgeval het.

HEL

Die lewe na die dood vasbeslote na die Oordeel van God

In die Ou Testament, vind ons, ons voorvaders van geloof, insluitende Jakob en Job, wie verklaar dat hulle na die Graf sal gaan nadat hulle gesterwe het (Genesis 37:35; Job 7:9). Korag en al sy manne wie teen Moses opgestaan het, het lewend in die doderyk afgegaan, en so het hulle uit die gemeente verdwyn (Numeri 16:33).

Die Ou Testament meld ook van die "Onderwêreld" en "Doderyk." Die Graf is die Afrikaanse woord vir beide "Onderwêreld" en "Doderyk." Die graf is in twee dele verdeel: Die Bograf wat aan die hemel behoort en die Laergraf wat aan die Hel behoort.

Dus weet jy dat die voorvaders van geloof, Jakob en Job, asook die bedelaar Lasarus na die Bograf gegaan het, wat aan die hemel behoort, terwyl Korag en die ryk man na die Laergraf gegaan het, wat aan die Hel behoort.

Eweneens, daar is waarlik 'n lewe na die dood, en alle mense is bestem om of hemel of Hel toe te gaan, ooreenkomstig tot God se Oordeel. Ek wil jou ten sterkste aanmoedig om in God te glo, sodat jy daarvan gered kan word om Hel toe te gaan.

3. Die Struktuur van Hemel en Hel

Die Bybel gebruik verskeie name om die hemel en die Hel te vermeld. Inderwaarheid sal jy dit herken dat die hemel en die Hel nie op dieselfde plek is nie.

Met ander woorde, na die hemel word ook as die "Bograf," "Paradys," of "Nuwe Jerusalem" verwys. Dit is omdat die hemel, die woonplek van die geredde siel, geklassifiseer en in baie verskillende plekke verdeel is.

Soos wat ek alreeds in die booskappe "Maat van Geloof" en "Hemel I & II" verduidelik het, mag jy nader aan die Troon van God in Nuwe Jerusalem lewe, namate jy die verlore ewebeeld van God die Vader herwin het. Alternatiewelik mag jy die Derde Koninkryk van die Hemel, die Tweede Koninkryk van die Hemel of die Eerste Koninkryk van die Hemel ingaan, ooreenkomstig die maat van jou geloof. Hulle wie skaars gered is, mag die Paradys ingaan.

Na die woonplek van die ongeredde siele of bose geeste word ook verwys as die "Laergraf," die meer van vuur," of die meer van brandende swael," of die "Kolk (bodemlose put.)" Net soos wat die hemel in baie plekke verdeel is, is die Hel ook in baie plekke verdeel, omdat elke siel se woonplek verskil van mekaar, ooreenkomstig die maat van sy bose dade wat in hierdie wêreld gepleeg is.

HEL

Die struktuur van hemel en Hel

Stel vir jou die vorm van 'n diamant (♦) voor, om die struktuur van die hemel en Hel beter te verstaan. Indien die vorm halveer word, is daar 'n driehoek (▼) en 'n onderstebo (▼). Laat ons veronderstel dat die boonste driehoek die hemel verteenwoordig, en die onderstebo driehoek die Hel verteenwoordig.

Die hoogste deel van die boonste driehoek korrespondeer met Nuwe Jerusalem, terwyl die onderste deel met die Bograf ooreenstem. Met ander woorde, bokant die Bograf is die Paradys, die Eerste Koninkryk van die Hemel, die Tweede Koninkryk, die Derde Koninkryk, en Nuwe Jerusalem. Alhoewel, jy moet nie aan verskillende Koninkryke dink soos eerste, tweede of derde vloere van geboue in hierdie wêreld nie. In die geestelike koninkryk is dit onmoontlik om afbakenings te maak, om sekere landsgedeeltes aan te dui, soos wat in die wêreld gedoen word, en hulle formate bekend te maak. Ek verduidelik dit slegs op hierdie wyse, sodat die mense van vlees, die hemel en Hel beter kan verstaan.

In die boonste driehoek korrespondeer die toppunt met Nuwe Jerusalem, terwyl die onderste deel met die Bograf ooreenstem. Met ander woorde, hoe hoër jy opbeweeg in die driehoek hoe beter Koninkryk van die Hemel sal jy vind.

In die ander figuur, die onderstebo driehoek, die hoogste en breedste deel verteenwoordig die Laergraf. Hoe nader jy aan die onderpunt beweeg, hoe dieper deel van die Hel nader jy; Laergraf, die meer met vuur, die meer met swael en die bodemlose kolk. Die bodemlose kolk, soos vermeld in die boeke

Lukas en Openbaring, verwys na die hel se diepste deel. In die boonste driehoek word die area smaller soos wat jy van onder na bo beweeg – vanaf die Paradys na Nuwe Jerusalem. Hierdie vorm toon aan dat die hoeveelheid mense wat Nuwe Jerusalem ingaan, is relatief klein in vergelyking met die hoeveelheid mense wat die Paradys, die Eerste of Tweede Koninkryk van die Hemel ingaan. Dit is omdat slegs diegene wie heiligheid ten uitvoer bring, volmaaktheid deur heiligmaking van hul harte, navolging van God die Vader se hart, mag Nuwe Jerusalem ingaan.

Soos jy kan sien met die onderstebo driehoek, vergelykenderwys minder mense gaan na die dieper deel van die Hel, omdat slegs hulle wie bewustelik gebrandmerk is, en wie die ergste dade gepleeg het, word in daardie plek gegooi. 'n Groter getal mense wie relatief kleiner sondes gepleeg het, gaan na die hoër, en breër deel van die Hel.

Dus, die hemel en die Hel kan deur die vorm van 'n diamant voorgestel word. Alhoewel, jy moet nie die gevolgtrekking maak dat die hemel die vorm van 'n driehoek het, en die Hel die vorm van 'n onderstebo driehoek het nie.

'n Groot kloof tussen hemel en Hel

Daar is 'n groot kloof tussen die boonste driehoek – hemel – en die onderstebo driehoek – Hel. Hemel en Hel is nie aangrensend aan mekaar nie, maar is 'n onmeetbare afstand van mekaar.

God het 'n baie duidelike skeiding op hierdie wyse gemaak, sodat die siele in die hemel en in die Hel, nie oor en weer tussen die hemel en die Hel kan beweeg nie. Slegs in 'n baie spesiale geval soos deur God verleen, is dit moontlik om mekaar te sien en te gesels, op die wyse wat die ryk man en Abraham gedoen het.

Tussen die twee symmetriese driehoeke is daar 'n baie groot kloof. Mense kan nie kom en gaan, vanaf die hemel na die Hel en andersom nie. Nietemin, indien God dit toelaat, kan mense in die hemel en die Hel mekaar sien, hoor en praat op 'n geestelike wyse, ongeag die afstand.

Terloops jy sal dit maklik verstaan, indien jy onthou hoe dit moontlik is om met mense aan die anderkant van die wêreld oor die telefoon te praat, of van aangesig tot aangesig op skerms via satelliet te praat, as gevolg van die wetenskap en tegnologie se vooruitgang en ontwikkeling.

Selfs al was daar 'n groot kloof tussen die hemel en die Hel, kon die ryk man vir Lasarus sien, terwyl laasgenoemde langs Abraham gerus het, en met hom in die gees praat, met God se toestemming.

4. Die Bograf en Paradys

Om presies te wees, die Bograf is nie deel van die hemel nie, maar kan geag word dat dit aan die hemel behoort, terwyl die Laergraf van die Hel 'n deel vorm. Die rol van die Bograf is al sedert Ou en Nuwe Testamentiese tye herskep.

Die Bograf in Ou Testamentiese tye

In Ou Testamentiese tye het die geredde siele in die Bograf gewag. Abraham, die voorvader van die geloof, was in beheer van die Bograf, en dit is waarom die Bybel melding maak dat Lasarus aan Abraham se kant was.

Alhoewel, sedert die Here Jesus Christus se opstanding en hemelvaart, is geredde siele nie meer aan Abraham se kant nie, maar is oorgeplaas na die Paradys toe, en is aan die Here se kant. Dit is waarom Jesus in Lukas 23:43 sê, "Ek verseker jou: Vandag sal jy saam met My in die paradys wees" aan een van die misdadigers, wie sy sondes bely het, en Jesus as sy Verlosser aangeneem het, terwyl Jesus aan die kruis gehang het.

Het Jesus dadelik na Sy kruisiging na die Paradys gegaan? 1 Petrus 3:18-19 vertel vir ons dat "Ook Christus het een maal vir die sondes gely, die onskuldige vir die skuldiges, om julle na God te bring, Christus wat as mens doodgemaak is, maar deur die Gees lewend gemaak is. En so het Hy na die geeste in die gevangenis gegaan en daar sy oorwinning aangekondig." Vanaf hierdie vers kan jy sien dat Jesus die evangelie verkondig het, aan alle siele wat gered moet word, en in die Bograf wag. Ek sal dit in hoofstuk 2 breedvoerig bespreek.

Jesus, wie die evangelie vir drie dae in die Bograf verkondig het, het die siele wie gered kon word na die Paradys gebring, toe Hy opgewek en na die hemel opgevaar het. Vandag is Jesus besig om vir ons 'n plek in die hemel voor te berei, soos Hy gesê het, "Ek gaan om vir julle plek gereed te maak" (Johannes 14:2).

Paradys in Nuwe Testamentiese tye

Geredde siele is nie meer langer in die Bograf nadat Jesus die deur van die saligheid, wyd geoppen het nie. Hulle is aan die buitewyke van die Paradys, die Wagplek na die hemel geplaas, tot aan die einde van die menslike bestaan. Na die Oordeel van die Groot Wit Troon, sal elkeen van hulle sy eie plek in die hemel ingaan, ooreenkomstig elke individu se maat van geloof, en daar vir ewig en altyd woon.

Alle geredde siele wag in die Paradys in die Nuwe Testamentiese tye. Sommige mense mag wonder of dit moontlik is dat so baie mense in die Paradys kan lewe, omdat ontelbare mense sedert Adam gebore is. "Pastoor Lee! Hoe is dit moontlik dat so baie mense in die Paradys kan lewe? Ek is bevrees dat dit nie groot genoeg is vir al die mense om daar saam te lewe nie, selfs al is dit ruim."

Die sonnestelsel waaraan die aarde behoort, is 'n eenvoudige stippel in vergelyking met 'n melkwegstelsel. Kan jy jou die grootte van die melkwegstelsel voorstel? Nietemin, 'n melkwegstelsel is net 'n stippel in vergelyking met die heelal. Kan jy jou dan voorstel hoe ruim die heelal moet wees?

Ter aanvulling, die enorme heelal waarin ons lewe is slegs een van die ontelbare heelalle, en die uitgestrektheid van die totale heelal is ver verby ons verbeelding. Dus, indien dit vir jou onmoontlik is om die uitgestrektheid van die fisiese heelalle se omvang te bepaal, hoe kan jy dan die uitgestrektheid van die hemelse geestelike koninkryk begryp?

Die Paradys self is meer ruim as wat jy jou kan voorstel. Dit is 'n onmeetbare afstand vanaf die naaste plek, tot by die Eerste Koninkryk, na die rand van die Paradys toe. Kan jy jou nou voorstel hoe uitgestrek die Paradys self is?

Siele verkry geestelike kennis in die Paradys

Alhoewel die Paradys die wagplek en roete na die hemel is, is dit nie 'n smal of vervelige plek nie. Dit is so pragtig dat dit nie met die mooiste natuurskoon van hierdie wêreld vergelyk kan word nie.

Wagtende siele in die Paradys verkry geestelike kennis vanaf sekere profete. Hulle leer van God en die hemel, geestelike wette en ander noodsaaklike geestelike kennis. Daar is geen beperkings op geestelike kennis nie. Studies daar verskil heeltemal van dit in die wêreld. Dit is nie moeilik of vervelig nie. Hoe meer hulle leer hoe meer genade en vreugde sal hulle ontvang.

Hulle wie suiwer en vriendelik van hart is, kan in 'n groot mate geestelike kennis deur kommunikasie met God, selfs in hierdie wêreld verkry. Jy kan ook baie dinge deur die besieling van die Heilige Gees verstaan, wanneer jy dinge met jou geestelike oë sien. Jy kan die geestelike krag van God selfs in hierdie wêreld ervaar, omdat jy die geestelike wette oor geloof verstaan en dat God jou gebede beantwoord, tot die mate wat jy jou hart reinig.

Hoe gelukkig en tevrede is jy wanneer jy geestelike dinge in hierdie wêreld leer, en dit ervaar? Stel jou voor hoe gelukkiger en meer vreugdevol sal jy wees, wanneer jy dieper geestelike kennis in die Paradys, wat aan die hemel behoort, kan verkry.

Waar woon daardie profete dan? Woon hulle in die Paradys? Nee. Siele wie kwalifiseer om Nuwe Jerusalem te kan ingaan, wag nie in die Paradys nie, maar in Nuwe Jerusalem, terwyl hulle besig is om God met Sy werke daar te help.

Abraham het na die Bograf omgesien, voordat Jesus gekruisig was. Nietemin, na Jesus se opstanding en hemelvaart, het Abraham na Nuwe Jerusalem gegaan, omdat hy sy pligte klaar by die Bograf afgehandel het. Waar was Moses en Elia dan, terwyl Abraham in die Bograf was? Hulle was nie in die Paradys nie, maar reeds in Nuwe Jerusalem, omdat hulle gekwalifiseer het om Nuwe Jerusalem te kan ingaan (Matteus 17:1-3).

Die Bograf in Nuwe Testamentiese tye

Jy mag dalk 'n rolprent sien waarin 'n man wie se siel van sy fisiese liggaam uitmekaargaan na die dood, of die engele van die hemel of die boodskappers van die Hel volg. Inderwaarheid, 'n geredde siel word die hemel ingelei deur twee engele met wit mantels, nadat sy siel van sy liggaam geskei is, die oomblik wat hy sterf. Iemand wie hiervan weet of leer, sal nie hieroor geskok wees nie, selfs al is sy siel van sy liggaam geskei, wanneer hy sterf. Iemand wie nie kennis hiervan het nie, sal nietemin geskok wees om iemand anders te sien wat presies soos hy lyk, van sy liggaam geskei.

'n Siel wat geskei is van die fisiese liggaam, sal aan die begin vreend en aaklig voel. Sy toestand verskil baie van die vorige een omdat dit nou geweldige veranderinge ervaar, deurdat dit in die drie-dimensionele, maar nou in die vier-dimensionele wêreld lewe.

Die geskeide siel voel geen liggaamsgewig nie, en mag in die versoeking gebring word om rond te gons, omdat die liggaam baie lig voel. Dit is waarom dit tyd vereis om te leer van die basiese dinge wat benodig word, vir aanpassing in die geestelike wêreld. Daarom, geredde siele gedurende die Nuwe Testamentiese tye bly voorlopig so, en verander in die Bograf na die geestelike wêreld, voordat hulle die Paradys ingaan.

5. Laergraf, 'n Wagplek En Roete na die Hel

Die boonste deel van die Hel is die Laergraf. Soos jy laer in die Hel afbeweeg, is daar 'n meer van vuur, die meer met brandende swael en die bodemlose kolk, die Hel se diepste deel. Ongeredde siele sedert die ontstaan van tyd, is nog nie in die Hel nie, maar steeds in die Laergraf.

Baie mense beweer dat hulle reeds in die Hel was. Ek kan sê dat hulle eintlik net folteringstonele, in die Laergraf gesien het. Dit is omdat die ongeredde siele beperk word tot sekere dele van die Laergraf, en ooreenkomstig die ernstigheid van hulle sondes en boosheid, sal hulle uiteindelik in die meer van vuur of meer met brandende swael gegooi word, nadat die Oordeel van die Groot Wit Troon plaasgevind het.

Lydings van die ongeredde siele in die Laergraf

In Lukas 16:24, word die lyding wat die ryk man in die Laergraf opgelê was, baie goed beskryf. In sy doodsangs vra die ryk man vir 'n druppel water, deur te sê, "Vader Abraham, ontferm u oor my. Stuur tog vir Lasarus dat hy net die punt van sy vinger in water steek en my tong afkoel, want ek ly verskriklik in hierdie vuur."

Hoe kan die siele dan nie skrikbevange en bewe van angs,

met bloedstollende vrees, omdat hulle voortdurend die foltering en geskree van ander mense se lyding, in die vuur moet aanhoor, sonder enige hoop of dood in die Hel, waar wurms nie doodgaan nie, en die vuur nooit uitgeblus word nie?

Onmenslike boodskappers van die Hel folter die siele in die pikdonker duisternis van die Laergraf. Die hele plek is omring deur bloederigheid en 'n verskriklike reuk van ontbinde lyke, dus is dit moeilik om selfs asem te haal. Nietemin, straf in die Hel is nie met die straf in die Laergraf vergelykbaar nie.

Vanaf hoofstuk 3 verder, sal ek in meer besonderhede en voorbeelde beskryf hoe 'n verskriklike plek die Laergraf is, en watter soort onhoudbare strawwe word in die meer van vuur en die meer met swael, aan die siele opgelê.

Die ongeredde siele is so berouvol in die Laergraf

In Lukas 16:27-30, het die ryk man nie in die Hel se bestaan geglo nie, maar hy het sy fout besef, toe hy na sy dood in die vuur beland het. Die ryk man het by Abraham gesmeek om Lasarus na sy broers te stuur, sodat hulle nie in die Hel beland nie.

"Ek smeek u dan, vader, stuur hom tog na my pa se huis toe. Ek het nog vyf broers. Laat hy hulle dringend gaan waarsku sodat hulle nie ook in hierdie plek van pyniging beland nie." Maar Abraham sê, "Hulle het die woorde van Moses en die profete. Laat hulle daarna luister." Hy antwoord egter: "Nee, vader Abraham, maar as iemand uit die dood na hulle toe gaan, sal hulle hulle bekeer!"

Wat wou die ryk man vir sy broers gesê het, indien hy 'n geleentheid sou kry, om met hulle persoonlik te kon praat? Hy sou sekerlik vir hulle gesê het, "Ek weet beslis dat die Hel bestaan. Asseblief, maak seker dat julle ooreenkomstig die woord van God lewe, om nie in die Hel te beland nie, omdat die Hel jou hare laat rys en 'n verskriklike plek is."

Selfs in eindlose sielpynigende pyn en lyding, was die ryk man ernstig om sy broers van die Hel te red, en daar is geen twyfel dat hy 'n relatief goeie hart gehad het. Dus, wat omtrent mense vandag?

Een keer het God my 'n egpaar gewys wie in die hel gefolter was, omdat hulle God versaak het, en daarna die kerk verlaat het. In die Hel blameer, vervloek en haat hulle mekaar, en wil selfs hê dat meer pyn die ander se voorland word.

Die ryk man wou gehad het dat sy broers gered word, omdat hy tog goedhartig was. Jy moet onthou dat die ryk man was nogtans in die Hel gegooi. Jy moet ook onthou dat jy nie die saligheid kan verkry deur net te sê, "Ek glo."

Die mens is bestem om te sterf, en sal na die dood of hemel of Hel toe gaan. Daarom, jy moet nie dwaas wees nie, maar 'n ware gelowige word.

'n Wyse mens berei homself voor vir die lewe na die dood

Wyse mense berei hul waarlik voor vir die lewe na die dood, terwyl die meeste mense so swaar werk om eer, mag, rykdom, voorspoed en 'n lang lewe in hierdie wêreld te verkry.

Wyse mense stoor hul rykdom in die hemel, in

HEL

ooreenstemming met die woord van God, omdat hulle maar te goed weet dat hulle niks na hulle graf kan saamneem nie.

Jy mag dalk van sekere getuienisse gehoor het dat hulle nie hulle eie huise in die hemel kon vind toe hulle daar besoek afgelê het nie, alhoewel hulle vermoedelik in God geglo het, en 'n christelike lewe gely het. Jy kan 'n mooi groot huis in die hemel bekom, indien jy ywerig jou rykdom in die hemel stoor, terwyl jy as God se kosbare kind in hierdie wêreld lewe!

Jy is waarlik geseënd en wys, omdat jy 'n stryd voer om 'n hoopvolle geloof te voer, om die pragtige hemel te kan ingaan, en omdat jy ywerig jou prys in die hemel in geloof stoor, en jouself as 'n bruid vir die Here voorberei, wie binnekort weer kom.

Wanneer 'n mens sterf, kan hy nie weer sy lewe herhaal nie. Dus, asseblief word gelowig, en weet dat daar is 'n hemel en 'n Hel. Ter aanvulling, weet dat ongeredde siele beleef groot foltering in die Hel, en jy moet aan almal wat jy gedurende jou lewe kan bereik, bekend maak dat daar beslis 'n hemel en 'n Hel bestaan. Stel jou voor hoe gelukkig sal God met jou wees!

Hulle wie God se liefde verkondig, en alle mense na die weg van saligheid lei, sal in hierdie lewe geseën word, en sal soos die son in die hemel skitter.

Ek vertrou dat jy in die lewende God, wie jou oordeel en beloon sal glo, en probeer om 'n ware kind van God te word. Ek bid in die naam van die Here dat jy soveel as moontlik mense sal teruglei na God en die saligheid, en dat jy in God baie bly sal wees.

Hoofstuk 2

Die Weg van die Saligheid vir Hulle Wie Nooit die Evangelie Hoor nie

1. Oordeel van Gewete
2. Ongebore Babas van Aborsie of Miskraam
3. Kinders van Geboorte tot Ouderdom van Vyf
4. Kinders tussen die Ouderdom van Ses en Vroeë Tienderjare
5. Was Adam en Eva Gered?
6. Wat Het van die Eerste Moordenaar Kain geword?

"...maar heidene, wat nie die wet het nie, tog vanself dinge
doen wat die wet vereis, is hulle vir hulleself 'n wet al het hulle
nie die wet nie. Die optrede van sulke mense bewys dat die eise
van die wet in hulle harte geskrywe staan. Ook hulle gewetens
getuig daarvan wanneer wanneer hulle in 'n innerlike tweestry
deur hulle gedagtes aangekla of vrygespreek word."
(Romeine 2:14-15)

Maar die Here sê vir hom: "Nee! Wie vir Kain vermoor, sal
sewe maal gestraf word. Toe gee die Here vir Kain 'n teken
sodat niemand wat hom raakloop, hom sou doodmaak nie."
(Genesis 4:15)

God het Sy liefde vir ons bewys, deur Sy enigste Seun, Jesus Christus, vir ons te laat kruisig sodat alle mense die saligheid kon verkry.

Ouers is lief vir hulle klein kinders, maar hulle wil hê dat hulle kinders volwasse genoeg moet word, om hul hart te verstaan en hulle vreugde en hartseer saam te kan deel.

Eweneens, God wil hê dat alle mense gered moet word. Verdermeer, God wil hê dat Sy kinders volwasse genoeg in die geloof moet word, om God die Vader se hart te verstaan, en innige liefde met Hom te deel. Dit is waarom die apostel Paulus in 1 Timoteus 2:4 skrywe, dat God wil hê dat alle mense gered word en tot kennis van die waarheid kom.

Jy moet weet dat God die Hel en die geestelike wêreld volledig verduidelik, omdat God in Sy liefde wil hê dat alle mense die saligheid moet ontvang, en in die geloof volwassenheid bereik.

In hierdie hoofstuk sal ek volledig verduidelik, of dit enigsins moontlik is vir hulle om gered te word, al het hulle nie vir Jesus Christus geken toe hulle gesterf het nie.

1. Oordeel van Gewete

Baie mense wie nie in God glo nie, erken tenminste die hemel en die Hel se bestaan, maar hulle kan nie die hemel ingaan nie, oor die eenvoudige rede dat hulle die hemel en die Hel erken.

Jesus sê vir ons in Johannes 14:6, "Ek is die weg en die waarheid en die lewe. Niemand kom na die Vader toe behalwe deur My nie," sodat jy gered kan word en die hemel ingaan, slegs deur middel van Jesus Christus.

HEL

Hoe kan jy dan gered word? Die apostel Paulus wys vir ons in Romeine 10:9-10 'n weg na werklike saligheid:

As jy met jou mond bely dat Jesus die Here is, en met jou hart glo dat God Hom uit die dood opgewek het, sal jy gered word. Met die hart glo ons, en ons word vrygespreek; en met die mond bely ons, en ons word gered.

Veronderstel daar is sommige mense wie nie vir Jesus Christus ken nie. As gevolg daarvan, bely hulle nie, "Jesus is die Here." Verder glo hulle ook nie met hulle harte in Jesus Christus nie. Is dit dan waar dat hulle almal nie gered kan word nie?

'n Groot deel van die mensdom het gelewe, voordat Jesus na die aarde gekom het. Selfs gedurende die Nuwe Testamentiese tyd was daar mense wie gesterf het, sonder om ooit van die evangelie te hoor. Kan daardie mense gered word?

Wat sal die bestemming wees van sommige mense wie so vroeg sterf, dat hulle nooit volwasse word of wys genoeg, om die geloof te herken nie? Wat omtrent ongebore kinders wie as gevolg van aborsie of miskrame sterf? Moet hulle onvoorwaardelik Hel toe gaan, omdat hulle nie in Jesus Christus glo nie? Nee, hulle moet nie.

Die God van liefde het die deur van die saligheid vir elkeen in Sy geregtigheid geopen, deur die "oordeel van gewete."

Hulle wie God soek en lewe met 'n gewete

Romeine 1:20 verkondig dat "Van die skepping van die wêreld af kan 'n mens uit die werke van God duidelik aflei dat sy krag ewigdurend is en dat Hy waarlik God is, hoewel dit dinge is wat 'n mens nie met die oog kan sien nie. Vir hierdie mense is daar dus geen verontskuldiging nie." Dit is waarom mense wie goedhartig is, glo in God se bestaan, omdat hulle gesien het wat gebeur het.

Prediker 3:11 vertel vir ons dat God het ewigheid in die mens se hart geplaas. Dit is goed dat mense van nature God soek, en vaagweg glo in die lewe na die dood. Goeie mense vrees die hemele en probeer om goeie en regverdige lewens te lei, selfs al het hulle nooit die evangelie gehoor nie. Daarom, lewe hulle tot 'n seker mate ooreenkomstig hul gode se wil. Indien hulle die evangelie gehoor het, sou hulle sekerlik die Here aangeneem het, en die hemel ingegaan het.

Vir hierdie selfde rede het God goeie siele toegelaat om in die Bograf te bly, en hulle op 'n manier gelei om in die hemel te kom, totdat Jesus aan die kruis gesterf het. Na Jesus se kruisiging, het God hulle tot saligheid gelei, deur die bloed van Jesus, omdat hulle die evangelie gehoor het.

Verkondiging van die evangelie in die Bograf

Die Bybel vertel vir ons dat Jesus die evangelie in die Bograf verkondig het, nadat Hy aan die kruis gesterf het.

Soos 1 Petrus 3:18-19 opmerk, "Ook Christus het een maal vir die sondes gely, die onskuldige vir die skuldiges, om julle na God te bring, Christus wat as mens doodgemaak is, maar deur die Gees lewend gemaak is, En so het Hy na die geeste in die gevangenis gegaan en daar sy oorwinning aangekondig." Jesus het die evangelie aan die siele in die Bograf verkondig, sodat hulle ook deur Sy bloed gered kon word.

Na aanhoor van die evangelie, het mense wie nooit

gedurende hulle leeftyd dit gehoor het nie, ook 'n laaste geleentheid gekry om van Jesus Christus te leer, en gered word.

God het geen ander naam behalwe Jesus Christus gegee, waardeur die mens verlos kon word nie (Handelinge 4:12). Selfs gedurende die Nuwe Testamentiese tye, is hulle wie nie die evangelie gehoor het nie, ook deur die oordeel van die gewete gered. Hulle bly vir drie dae in die Bograf om die evangelie te hoor, voordat hulle die hemel ingaan.

Mense met vuil gewetes soek nooit na God nie en lewe in sonde, en gee toe aan hul eie hartstog. Hulle sal nie in die evangelie glo nie, selfs al hoor hulle dit ook. Na die dood sal hulle na die Laergraf gestuur word, en gestraf word en uiteindelik, na die Oordeel van die Groot Wit Troon, in die Hel gegooi word.

Die oordeel van die gewete

Dit is onmoontlik vir iemand om 'n ander persoon se gewete akkuraat te oordeel, omdat 'n gewone mens nie ander mense se harte akkuraat kan verstaan nie. Nogtans, die almagtige God kan elkeen se hart onderskei, en 'n billike oordeel fel.

Romeine 2:14-15 verduidelik die oordeel van die gewete. Goeie mense ken die verskil tussen goed en kwaad, omdat hulle gewetens hulle die vereistes van die Wet laat begryp.

Wanneer heidene, wat nie die wet het nie, tog vanself dinge doen wat die wet vereis, is hulle vir hulle self 'n wet al het hulle nie die wet nie. Die optrede van sulke mense bewys dat die eise van die wet in hulle harte geskrywe staan. Ook hulle gewetens getuig daarvan wanneer hulle in 'n innerlike tweestryd deur

Die Weg van die Saligheid vir Hulle Wie Nooit die Evangelie Hoor nie

hulle gedagtes aangekla of vrygespreek word.

Dus, goeie mense volg nie die weg van die kwaad nie, maar eerder die weg van die goeie in hulle lewe. Gevolglik, ooreenkomstig die oordeel van die gewete, bly hulle vir drie dae in die Bograf, waartydens hulle die evangelie hoor, en gered word.

Jy kan Admiraal Soonshin Lee* as voorbeeld neem wie 'n goeie lewe gelei het, as gevolg van sy goeie gewete (*Redakteurs Nota: Admiraal Lee was die oppermagtige bevelvoerder van die vloot vir die Chosun Dynasty in Korea gedurende die 16de eeu). Admiraal Lee het in die waarheid geglo, alhoewel hy nie vir Jesus Christus geken het nie. Hy was altyd lojaal teenoor sy koning, sy land, en die mense wie hy beskerm het. Hy was goed en gelowig teenoor sy ouers, en was lief vir sy broers. Hy het nooit sy eie belange eerste gestel nie, en het nooit gesoek na eer, mag of rykdom nie. Hy het net gedien, en homself vir sy naaste en die mense opgeoffer.

Jy kon geen teken van kwaad by hom vind nie. Admiraal Lee was verban sonder enige klagtes of wraak gedagtes, toe hy foutiewelik beskuldig was. Hy nie eers by die koning, wie hom laat verban het, gemor toe hy hom beveel het om op die slagveld te gaan veg nie. Inteendeel, hy het die koning hartlik daarvoor bedank, en sy troepe goed opgestel en op die slagvelde geveg, en sy eie lewe op risiko geplaas. Verdermeer, het hy tyd afgestaan om op sy knieë tot sy god te bid, omdat hy die bestaan van een erken het. Dus vir watter redes sou God hom nie na die hemel toe kon lei nie?

HEL

Hulle wie van die gewete se oordeel uitgesluit is

Is die mense wie die evangelie hoor, maar nie in God glo nie, onderworpe aan die oordeel van die gewete?

Jou familielede kan nie aan die oordeel van die gewete onderworpe word, indien hulle nie die evangelie aanvaar, nadat hulle dit by jou gehoor het nie. Dit is regverdig dat hulle nie gered word, indien hulle die evangelie verwerp, alhoewel hulle baie geleenthede gehad het om dit te hoor.

Nietemin, jy moet die goeie nuus vuriglik verkondig, omdat selfs al was 'n persoon sondig genoeg om Hel toe te gaan, kan jou werk veroorsaak dat hulle meer geleenthede kry om die saligheid te ontvang.

Elke kind van God is 'n aandeelhouer van die evangelie, en het 'n verpligting om dit te versprei. God sal vir jou op die Dag van die Oordeel vra of jy nooit die evangelie aan jou familie, insluitend jou ouers, jou naasbestaandes en ander, verkondig het nie. "Waarom het jy nie aan jou ouers en broers die evangelie verkondig nie?" "Waarom het jy nie die evangelie aan jou kinders verkondig nie?" "Waarom het jy nie die evangelie aan jou vriende verkondig nie?" ensovoorts.

Daarom, jy behoort die goeie nuus dag na dag onder die mense te versprei, indien jy die liefde van God, wie selfs Sy enigste Seun geoffer het, wie vir ons aan die kruis gesterf het, verstaan.

Die redding van siele is die regte manier om die dors van die Here, wie aan die kruis uitgeroep het, "Ek het dors," te les en die prys van die Here se bloed te vereffen.

2. Ongebore Babas van Aborsie of Miskraam

Wat is die bestemming van ongebore babas wie tydens 'n miskraam sterf, voordat hulle gebore word? Na die fisiese dood, is 'n menslike siel bestem om hemel of Hel toe te gaan, omdat die menslike siel nie vernietig kan word nie.

Geesgevul vyf maande na bevrugting

Wanneer word 'n fetus van 'n gees voorsien? 'n Gees word nie aan 'n fetus gegee, voor ses maande na die begin van die swangerskap nie.

Ooreenkomstig die mediese wetenskap, ontwikkel 'n fetus na verloop van vyf maande se swangerskap, organe om te hoor, oë en ooglede. Harsinglobbe wat die funksie van die kleinharsings aktiveer, word ook vanaf die vyfde tot die sesde maand na swangerskap gevorm.

Wanneer 'n fetus ses maande oud is, word 'n gees daarvoor gegee, en dit het in werklikheid die vorm van 'n mens. Die fetus gaan nie Hel of hemel toe, indien 'n miskraam ontstaan, voordat dit nie 'n gees ontvang het nie, omdat dit sonder 'n gees so goed soos 'n dier is.

Prediker 3:21 sê, "Wie weet of die asem van die mens opstyg boontoe en of die asem van die dier afgaan onder toe?" "Die asem van die mens" toon hier die kombinasie met die mens se gees aan, wat deur God gegee was en die mens lei om na God te soek, en sy siel wat veroorsaak dat hy aan God se woord dink en dit gehoorsaam, terwyl "die asem van die dier" net na die siel verwys, naamlik die sisteem wat veroorsaak om te dink en op te tree.

HEL

'n Sekere dier sterf uit en gaan dood, omdat dit slegs 'n siel het, maar geen gees nie. 'n Fetus van minder as vyf maande gedurende swangerskap het ook nog nie 'n gees nie. Dus, indien dit sou sterf, sal dit op dieselfde wyse as 'n dier vernietig word.

Aborsie is net so 'n groot sonde soos moord

Dus, dit is nie 'n sonde om 'n fetus van jonger as vyf maande te aborteer nie, omdat dit dan nog nie 'n gees het nie? Jy moet nie 'n sonde pleeg om 'n fetus te aborteer, ongeag die tyd, nadat die fetus reeds 'n gees ontvang het nie, onthou altyd dat slegs God alleen die menslike lewens beheer.

In Psalm 139:15-16 skryf die Psalmdigter, "Geen been van my was vir U verborge toe ek gevorm is waar niemand dit kon sien nie, toe ek aanmekaar geweef is diep in die moederskoot. U het my al gesien toe ek nog ongebore was, al my lewensdae was in u boek opgeskrywe nog voordat ek gebore is."

Die God van liefde ken almal van julle nog voordat julle in julle moederskoot gevorm was, en het wonderlike idees vir julle, tot die mate wat Hy dit in Sy boek aangeteken het. Dit is waarom 'n mens, 'n gewone skepsel van God, nie die lewe van 'n fetus selfs jonger as vyf maande, kan beheer nie.

Die abortering van 'n fetus is dieselfde as om 'n moord te pleeg, omdat jy op God se mag inbreuk maak, want slegs Hy beheer die lewe, dood, seëninge en vloeke. Verdermeer, hoe kan jy dit durf beskou as 'n onbeduidende sonde, wanneer jy jou eie seun of dogter doodmaak?

Vergeldings van sonde en beproewinge volg

Onder geen omstandighede en ongeag hoe moeilik dit mag wees, moet jy nooit God se oppermag oor die mens, skend nie. Bowendien, dit is onbetaalmik om jou kind te aborteer in die najaging van plesier. Jy moet besef dat jy sal oes wat jy gesaai het, en jy sal betaal vir wat jy gedoen het.

Dit is erger om 'n fetus na ses maande of langer, gedurende die swangerskap, te aborteer. Dit is dieselfde as om 'n volwassene te vermoor, omdat dit reeds 'n gees ontvang het.

'n Aborsie veroorsaak 'n groot sondemuur tussen jou en God. As gevolg daarvan word jy strawwe opgelê met pyne, wat voortvloei uit verskeie beproewinge en probleme wat ontstaan. Geleidelik word jy van God vervreem, as gevolg van die sondemuur indien jy nie die sonde oplos nie, en uiteindelik bereik jy 'n stadium waar dit te moeilik raak om na God terug te keer.

Selfs hulle wie nie in God glo nie, sal gestraf word en verskillende soorte beproewinge en probleme sal hulle tref, indien hulle fetusse vernietig, aangesien dit moord is. Beproewinge en probleme sal hulle altyd vergesel, aangesien God hulle nie kan beskerm en Sy gesig van hulle wegdraai, indien hulle nie die sondemuur afbreek nie.

Bely jou sondes volkome en breek die sondemuur af

God het Sy gebooies nie gegee om die mens te vernietig nie, maar om Sy wil te openbaar, en die mens te lei om sy sondes te bely, om sodoende gered te kan word.

God laat jou hierdie dinge wat verband hou met aborsie verstaan, sodat jy nie hierdie sonde sal pleeg nie en die sondemuur kan vernietig, deur jou sondes wat in die verlede gepleeg is, te bely.

Indien jy jou kind in die verlede geaborteer het, maak seker dat jy jou sonde deeglik bely, en die sondemuur afbreek deur vredesoffers te gee. Dan sal beproewinge en probleme verdwyn, omdat God nie langer jou sondes sal onthou nie.

Die ernstigheid van jou sonde verskil van geval tot geval, wanneer jy jou kind aborteer. Byvoorbeeld, indien jy jou kind aborteer, omdat jy swanger geraak het as gevolg van 'n verkragting, dan is jou sonde relatief minder ernstig. Indien 'n egpaar hulle onwelkome kind aborteer, is die sonde baie meer ernstig.

Indien jy nie 'n kind om verskeie redes wil hê nie, moet jy die kind in jou moederskoot in gebed, aan God opdra. In so 'n geval moet jy geboorte aan die kind skenk, indien God nie ooreenstem met jou gebed nie.

Meeste geaborteerde kinders word gered maar daar is uitsonderings

Ses maande na bevrugting, sal 'n fetus nadat dit 'n gees ontvang het, nie redelik kan dink, verstaan of iets van sy eie wil kan glo nie. Dus God red die meeste fetusse wie gedurende daardie periode sterf, ongeag van hulle of hulle ouers se geloof.

Neem kennis dat ek gesê het, "die meeste" – nie "alle" – van die fetusse omdat in uitsonderlike gevalle, mag 'n fetus dalk nie gered word nie.

'n Fetus kan 'n sondige natuur vanaf die oomblik van bevrugting oorerf, indien sy ouers of voorvaders groot wedywering met God het, en kwaad op kwaad ophoop. In so 'n geval, kan die fetus nie gered word nie.

Byvoorbeeld, dit kan die kind van 'n goëlaar of sondige ouers wees, wie ander mense vervloek en net die slegste toewens, soos Hee-bin Jang* in die Koreaanse geskiedenis (*Redakteurs Nota: Madam Jang was 'n houvrou van Koning Sook-jong in die laat sewentiende eeu, wie, uit jaloesie, die Koningin vervloek het). Sy het haar mededinger vervloek deur haar portret met pyle te deurboor, as gevolg van uiterste jaloesie. Kinders van sulke sondige ouers kan nie gered word nie, omdat hulle hul ouers se sondige natuur oorgeërf het.

Daar is ook uiters sondige mense onder diegene wie daarop aanspraak maak, dat hulle gelowig is. Sulke persone opponeer, veroordeel, verwerp en bemoeilik die Heilige Gees se werking. Uit jaloesie sal hulle ook iemand wie God se naam verheerlik, probeer doodmaak. Indien kinders van sulke ouers as gevolg van 'n miskraam sterf, kan hulle nie gered word nie.

Met die uitsondering van sulke buitengewone gevalle, word die meeste ongebore kinders gered. Nogtans, kan hulle nie die hemel ingaan nie, selfs ook nie die Paradys nie, omdat hulle nie op die aarde enigsins opgevoed is nie. Hulle woon in die Bograf selfs nadat die Oordeel van die Groot Wit Troon plaasgevind het.

Ewige woonplek vir geredde ongebore babas

Fetusse in die Bograf wat ses maande of ouer tydens die swangerskap was, toe aborsie plaasgevind het, is net soos 'n blanko stuk papier, omdat hulle nie op die aarde ontwikkel is nie. Daarom sal hulle in die Bograf bly, en in 'n liggaam geplaas word, wat by hulle siele pas, tydens die wederopstanding.

Hulle word in 'n liggaam geplaas wat sal verander en groei, verskillend van ander geredde mense wie 'n geestelike en ewigdurende liggaam aanneem. Daarom, selfs al is hulle in die begin in die vorm van 'n kind, sal hulle ontwikkel totdat 'n stadium bereik waartydens hulle meer volwasse is.

Hierdie kinders, selfs nadat hulle opgegroei het, sal in die Bograf bly en hulle siele met die kennis van die waarheid vul. Jy sal dit maklik verstaan, indien jy aan Adam se oorspronlike toestand dink, in die Tuin van Eden en sy leerproses.

Adam was kalm van gees, siel en liggaam toe hy as lewende mens geskep was. Nietemin sy liggaam het verskil van gees en 'n opgewekte liggaam, en sy siel was ignorerend soos die van 'n pasgebore baba. Daarom het God Homself vir Adam geestelike kennis gegee, en 'n lang pad met hom gestap.

Jy moet weet dat Adam in die Tuin van Eden sonder enige kwaad geskep was, maar siele in die Bograf is nie so goed soos wat Adam was nie, omdat hulle reeds die sondige natuur van hulle ouers, wie die menslike ontwikkeling vir generasies ervaar het, geërf het.

Sedert die val van Adam het al sy afstammelinge daarna, die oorspronklike sonde van hulle ouers geërf.

3. Kinders van Geboorte tot Ouderdom van Vyf

Hoe kan kinders tot die ouderdom van vyf jaar, wie nie tussen goed en kwaad kan onderskei nie, en nie geloof kan herken nie, dan gered word? Die saligheid van hierdie ouderdomsgroep kinders, is afhanklik van hulle ouers se gelowigheid – in besonder hulle moeder se geloof.

'n Kind kan saligheid ontvang, indien die ouers van die kind die soort geloof het om gered te kan word, en hulle kind in die geloof grootmaak (1 Korintiërs 7:14). Nieteenstaande, dit is onwaar dat 'n kind nie onvoorwaardelik gered kan word, omdat die ouers van 'n kind ongelowig is nie.

Hier, kan jy weereens God se liefde ervaar. Genesis 25 wys vir ons dat God vooraf geweet het dat Jakob in die toekoms, meer beroemd as sy ouer broer, Esau, sou word, toe hulle nog in hulle moederskoot teen mekaar gestamp het. Die alwetende God lei al die kinders wie voor die ouderdom van vyf jaar sterf, tot saligheid, ooreenkomstig die oordeel van die gewete. Dit is moontlik, omdat God weet of die kinders die Here gaan aanneem, indien hulle verby daardie jare sou leef, wanneer hulle die evangelie later in hulle lewens sou hoor.

Nogtans, kinders wie se ouers ongelowig is en wie nie die oordeel van die gewete slaag nie, sal onvermydelik in die Laergraf, wat aan die Hel behoort, val en sal daar gefolter word.

Die oordeel van die gewete en die geloof van hulle ouers

Daarom, kinders se saligheid is grotendeels afhanklik van hulle ouers se geloof. Dus, ouers moet hulle kinders in ooreenstemming met God se wil opvoed, sodat hulle kinders nie in die Hel sal beland nie.

'n Lang tyd gelede, het 'n sekere egpaar wie nie kinders gehad het nie, 'n kind ryker geword, en 'n gelofte tydens 'n gebed afgelê. Nietemin, die kind het ontydiglik in 'n motorongeluk gesterf.

Ek kon die rede vir hulle kind se dood gedurende 'n gebed

vasstel. Dit was omdat die kind se ouers se geloof afgeneem het, en hulle ver van God gelewe het. Die kind kon nie die kerk se kleuterskool bywoon nie, omdat die ouers meer toegeeflik teenoor die wêreldse leefwyse was. Ooreenstemmend daarmee, het die kind begin om eerder wêreldlike liedjies, in plaas van lofprysinge vir God te sing.

Teen daardie tyd het die kind die geloof gehad om salig te word, maar hy kon nie gered word indien hy onder sy ouers se invloed moes opgroei nie. Daarom het God die ongeluk laat plaasvind, om die kind na die ewige lewe te roep, en sy ouers die geleentheid te gee om te bely. Indien die ouers net vroeër bely het en na God terug gegaan het, sou hul kind nie so wreed gesterf het nie, en sou Hy nie so 'n drastiese stap geneem het nie.

Ouers verantwoordelik vir kinders se geestelike groei

Ouers se geloof het 'n direkte invloed op hulle kinders se saligheid. Kinders se geloof kan nie goed groei, indien die ouers nie 'n belang daarby het nie, en dit net aan die Sondagskool oorlaat nie.

Ouers moet vir hulle kinders bid, en dit deeglik kontroleer of hulle altyd in goeie gees en met 'n ware hart aanbid, en hulle leer om 'n lewe van gebed te lei, deur by die huis vir hulle 'n goeie voorbeeld te stel.

Ek moedig alle ouers aan om waaksaam in hulle eie geloofslewe te wees, en hulle geliefde kinders in die naam van die Here op te voed. Ek spreek die seën daaroor uit, dat jou familie saam in die hemel die vreugde van 'n ewigdurende lewe mag belewe.

4. Kinders tussen die Ouderdom van Ses en Vroeë Tienderjare

Hoe kan die kinders vanaf die ouderdom van ses tot tienderjare – ongeveer tot die ouderdom van twaalf jaar – gered word?

Hierdie kinders kan die evangelie verstaan, wanneer hulle dit hoor en hulle kan ook deur hulle eie wil en gedagtes besluit wat om te glo, nie volkome nie maar tenminste tot 'n sekere mate.

Die ouderdom van die kinders wie hier bespreek word, kan natuurlik 'n bietjie verskil, aangesien elke kind teen 'n verskillende tempo groei, ontwikkel en meer volwasse raak. Die belangrikste faktor is egter dat by hierdie ouderdom, kan kinders in God glo, deur hulle eie wil en gedagtes.

Deur hulle eie geloof ongeag hulle ouers se geloof

Kinders ouer as ses tot twaalf jaar het al 'n gesonde verstand om geloof te kan kies. Daarom, hulle kan gered word, ongeag die stand van hulle ouers se geloof.

Jou kinders kan dus slegs Hel toe gaan, indien jy hulle nie in die geloof grootmaak nie, ongeag of jy 'n sterk geloof het. Daar is wel kinders wie se ouers ongelowiges is. In sulke gevalle is dit moeiliker vir kinders om die saligheid te ontvang.

Die rede waarom ek die saligheid van kinders vroeër by die puberteitsjare as daarna kan onderskei, is omdat deur God se oorvloedige en oorvloeiende liefde, die oordeel van die gewete op die eersgenoemde groep van toepassing mag wees.

God kan aan hierdie kinders nog 'n geleentheid gee, om die

saligheid te bekom, omdat kinders van hierdie ouderdom nog nie self volkome oor aangeleenthede deur hulle eie wil en gedagtes kan besluit nie, aangesien hulle nog steeds onder hulle ouers se invloed verkeer.

Goeie kinders neem die Here aan en ontvang die Heilige Gees, wanneer hulle die evangelie hoor. Hulle woon ook eredienste by, maar later word dit moeiliker as gevolg van hulle ouers se verskeie vervolgens, omdat die ouers afgode aanbid. Nietemin, gedurende hulle vroeë tienderjare kan hulle, deur hulle eie wil 'n keuse maak tussen wat reg en verkeerd is, ongeag hulle ouers se voornemens. Hulle kan hulle geloof behou, indien hulle waarlik in God glo, ongeag hoe fel die aanslae van buite is, en hulle ouers se teenkanting ookal mag wees.

Veronderstel 'n kind, wie 'n sterk geloof kon gehad het, indien hy langer geleef het, sterf vroeg. Wat sal dan met hom gebeur? God sal hom tot saligheid lei deur die wet van die oordeel van die gewete, omdat Hy dit wat in die kind se hart aangaan, die beste verstaan.

Alhoewel, indien 'n kind nie die Here aanneem nie, en nie die oordeel van die gewete slaag nie, sal hy of sy nie meer geleenthede hê nie, en onvermydelik in die Hel beland. Verdermeer, dit word verstaan dat mense verby hulle puberteitsjare se saligheid, grotendeels deur hulle eie geloof bepaal word.

Kinders gebore in 'n swak omgewing

Die saligheid van 'n eenvoudige kind, wie geen logiese en klankoordele kan maak nie, word grotendeels deur geeskragte (natuur, energie, of mag) van die ouers of voorvaders bepaal.

'n Kind kan met geestelike afwykings gebore word of deur bose geeste in besit geneem word, vanaf 'n baie jong ouderdom, as gevolg van hy of haar voorvaders se sondigheid en afgode aanbidding. Dit is omdat afstammelinge onder hulle ouers of voorvaders se invloed verkeer.

Rakende besorgdheid hieroor, waarsku Deuteronomium 5:9-10 ons soos volg:

Jy mag hulle nie vereer of dien nie, want Ek die Here jou God eis onverdeelde trou aan My. Ek reken kinders die sondes van hulle voorvaders toe, selfs tot in die derde en vierde geslag van dié wat My haat, maar Ek betoon my liefde tot aan die duisendste geslag van dié wat My liefhet en my gebooie gehoorsaam.

1 Korintiërs 7:14 merk op dat "Die ongelowige man is by God aanneemlik deur die band met die gelowige vrou, en die ongelowige vrou is by God aanneemlik deur die band met die gelowige man. Anders sou julle kinders heidene wees, maar nou behoort hulle aan God."

Eweneens, dit is baie moeilik vir kinders om gered te word, indien hulle ouers 'n ongelowige lewe lei.

Omdat God liefde is, draai Hy nie weg van diegene wie Sy naam aanroep nie, selfs al was hulle met 'n sondige natuur van hulle ouers en voorvaders gebore. Hulle kan tot saligheid gelei word, omdat God hulle gebede antwoord wanneer hulle bely, en probeer om te alle tye volgens Sy woord te lewe, en Sy naam aanhoudend aanroep.

Hebreërs 11:6 vertel vir ons dat "As 'n mens nie glo nie, is dit onmoontlik om te doen wat God wil. Wie tot God nader, moet glo dat Hy bestaan en dat Hy dié wat Hom soek, beloon." Selfs mense wie met 'n sondige natuur gebore is, kan deur God van sondig na goed verander word, en na die hemel gelei word, wanneer hulle Hom verheerlik met goeie dade en opofferings in die geloof doen.

Hulle wie God nie op hulle eie kan soek nie

Sommige mense kan nie vir God in die geloof soek nie, omdat hulle geestelike afwykings het of deur bose geeste gevange gehou word. Dus, wat moet hulle doen?

In so 'n geval moet hulle ouers of familielede 'n voldoende omvang van geloof, namens sulke persone voor God aanbied. Die God van liefde sal dan die deur van saligheid open, nadat Hy hulle geloof en opregtheid daarvan gesien het.

Ouers is te blameer vir hulle kinders se bestemming, indien hulle sterwe voordat hulle die geleentheid gekry het, om die saligheid te ontvang Dus, ek dring daarop aan dat julle as ouers die ernstigheid van die geloofslewe sal verstaan, nie alleen vir julle onthalwe nie, maar ook vir julle nakomelinge.

Jy moet ook God, wie iemand se siel meer waardeer as die hele wêreld, se hart verstaan. Ek moedig jou aan om oorvloedige liefde te hê, om nie alleen na jou eie kinders nie, maar ook na jou bure en familielede se kinders in die geloof om te sien.

5. Was Adam en Eva Gered?

Adam en Eva was na die aarde uitgedryf, nadat hulle van die

boom van die kennis van goed en kwaad geëet het, in ongehoorsaamheid, en hulle het nooit die evangelie gehoor nie. Was hulle gered? Laat my verduidelik of die eerste mens, Adam en Eva die saligheid ontvang het.

Adam en Eva was teenoor God ongehoorsaam

In die begin het God die eerste mens, Adam en Eva na Sy beeld geskep en het hulle baie lief gehad. God het alles byvoorbaat vir hulle voorberei, vir 'n oorvloedige lewe en het hulle in die Tuin van Eden ingelei. Daar het Adam en Eva niks kortgekom nie.

Verdermeer, God het vir Adam baie krag en mag gegee om alle dinge in die heelal te beheer. Adam het alle lewende dinge op die aarde, in die hemelruim en onder die water beheer. Die vyandige Satan en die duiwel kon dit nie waag om die Tuin binne te gaan nie, omdat dit onder Adam se leierskap bewaak en beskerm was.

Omdat God met hulle was, het Hy hulle op 'n vriendelike wyse voorsien van geestelike opvoeding, op die wyse wat 'n vader sy geliefde kinders alles van A tot Z sou geleer het. Adam en Eva het niks kortgekom nie, maar was deur die listige slang verlei, om van die verbode vrugte te eet.

Hulle het daar die dood geproe, ooreenkomstig die woord van God wat sê, die dag as jy daarvan eet, sal jy sekerlik sterf (Genesis 2:17). Met ander woorde, hul gees het gesterf alhoewel hulle lewende geeste was. As gevolg daarvan is hulle uit die pragtige Tuin van Eden gedrywe, na die aarde toe. Die menslike ontwikkeling begin op hierdie vervloekte aarde en alles daarop was ook terselfdertyd vervloek.

HEL

Was Adam en Eva gered? Sommige mense mag dink dat hulle nie die saligheid ontvang het nie, omdat alles vervloek was en dat hul afstammelinge gely het, as gevolg van hulle ongehoorsaamheid aan die begin. Nietemin, die God van liefde het die deur van die saligheid selfs vir hulle oopgelaat.

Adam en Eva se deeglike berou

God vergewe jou solank as wat jy heelhartig berou toon en na Hom terugkeer, selfs al is jy besmet met alle soorte oorspronklike sonde en werklike sondes gepleeg, terwyl jy op hierdie aarde vol duisternis en sondigheid gelewe het. God vergewe jou solank jy diep in jou hart berouvol is, en na Hom terugkeer, selfs al was jy 'n moordenaar gewees.

In vergelyking met vandag se mense sal jy besef dat Adam en Eva eintlik suiwer en goeie harte gehad het. Verdermeer, God Homself het hulle vir 'n baie lang tyd met Sy tere liefde geleer. Dus, waarom sou God vir Adam en Eva Hel toe laat gaan het, sonder om hulle een keer te vergewe, nadat hulle diep in hulle harte berou gehad het?

Adam en Eva het so baie gely terwyl hulle op die aarde ontwikkel het. Hulle het in vrede gelewe en het altyd van al die verskillende soorte vrugte in die Tuin van Eden geëet, nou kon hulle nie sonder harde werk en sweet eet nie. Eva moes geboorte skenk, met groter pyn. Hulle het trane gestort van droefheid, as gevolg van hulle sondes. Adam en Eva moes ook aanskou hoe hulle een seun deur die ander een vermoor word.

Hoe baie sou hulle nie die lewe onder die beskerming van die liefdevolle God in die Tuin van Eden gemis het nie, toe hulle al die kwellinge van die wêreld moes ervaar het nie? Terwyl hulle in die Tuin gewoon het, het hulle nie hul vreugde en voorreg besef nie, en ook nie vir God bedank nie, omdat hulle hul lewens, oorvloed, en God se liefde as vanselfsprekend aanvaar het.

Nietemin, hulle kon nou verstaan hoe gelukkig hulle op daardie stadium was, en hulle het vir God kom bedank vir die oorvloedige liefde wat Hy vir hulle gegee het. Uiteindelik het hulle deeglik berou getoon oor hulle sondes van die verlede.

God open die deur van die saligheid vir hulle

Die loon van die sonde is die dood, maar God wie met liefde en regverdigheid regeer, vergewe solank as wat mense deeglik berou het.

Die God van liefde het Adam en Eva toegelaat om die hemel in te gaan, nadat Hy hulle berou ontvang het. Nietemin, hulle was ternouernood gered om in die Paradys te woon, omdat God ook regverdig is. Hulle sonde—versaak God se groot liefde—was nie 'n nietigheid nie. Adam en Eva het verantwoordelik geword vir die behoefte vir die menslike ontwikkeling, asook die lyding, pyn en die dood van hulle afstammelinge, omdat hulle ongehoorsaam was.

Selfs al het God se voorsienigheid toegelaat dat Adam en Eva van die boom van die kennis van goed en kwaad kon eet, sou hierdie selfde handeling van ongehoorsaamheid, ontelbare mense gebring het om te ly en te sterf. Daarom, Adam en Eva kon nie 'n beter plek in die hemel as die Paradys kry nie en natuurlik, hulle kon nie enige roemryke belonings ontvang nie.

God werk met liefde en regverdigheid

Laat ons dink aan God se liefde en regverdigheid, deur middel van die apostel Paulus se geval.

Die apostel Paulus was op 'n tyd die leier om mense wie in Jesus geglo het, te vervolg. Hy het dan die volgelinge in die tronk laat opsluit, toe hy nog nie regtig vir Jesus geken het nie. Toe Stefanus gemartel was omdat hy vir die Here getuig het, het Paulus aanskou hoe Stefanus tot sy dood gestenig was, en dit as korrek beskou.

Nietemin, Paulus het die Here op die pad na Damaskus ontmoet, en Hom aangeneem. Op daardie tydstip het die Here hom vertel dat hy 'n apostel vir die nie-Jode gaan wees, en het baie lyding verduur. Sedert dan het die apostel Paulus deeglik berou gehad, en die res van sy lewe vir die Here opgeoffer.

Hy kon Nuwe Jerusalem ingaan, omdat hy sy sending met vreugde kon uitvoer, ten spyte van sy baie lyding, en was gelowig genoeg om sy lewe vir die Here op te offer.

Dit is die wet van die natuur in hierdie wêreld, jy sal oes wat jy gesaai het. In die geestelike wêreld is dit dieselfde. Jy sal goedheid oes indien jy goedheid gesaai het, en jy sal kwaad oes indien jy kwaad gesaai het.

Soos wat jy met Paulus se geval kan sien, jy moet jou hart beskerm, wees waaksaam en hou dit in gedagte dat beproewinge jou sal volg, vir jou sondige dade van die verlede selfs al word dit jou vergewe, deur volgehoue berou.

6. Wat Het van die Eerste Moordenaar Kain geword?

Wat het met die eerste moordenaar, Kain, gebeur wie dood is

sonder dat hy ooit die evangelie gehoor het? Laat ons ondersoek instel of hy gered was deur die oordeel van die gewete.

Die broers Kain en Abel het vir God offerandes gegee

Adam en Eva het geboorte gegee aan kinders op die aarde, nadat hulle uit die Tuin van Eden uitgedrywe was: Kain was hulle oudste seun en Abel sy jonger broer. Toe hulle opgegroei het, het hulle aan God offerandes gegee. Kain het sommige van die aarde se vrugte as 'n offer na God gebring, maar Abel het jong vet lammers van sy kudde gebring.

God het gunstig na Abel en sy offerande gekyk, maar nie na Kain en sy offerande nie. Dus, waarom het God gunstig na Abel en sy offerande gekyk?

Jy moet nie aan God 'n offer teen Sy wil gee nie. Ooreenkomstig die wet van die geestelike wêreld, moet jy God aanbid met die offerbloed wat sondes kan vergewe. Daarom, gedurende Ou Testamentiese tye het mense beeste en lammers as offerandes gegee om God te aanbid, en ook in die Nuwe Testamentiese tye het Jesus, die Lam van God 'n soenoffer geword, deurdat Sy bloed gestort was.

God neem jou met plesier aan, beantwoord jou gebede, en seën jou wanneer jy Hom aanbid met die offerbloed, dit is, slegs wanneer jy Hom in die gees aanbid. Geestelike offer beteken om God in gees en die waarheid te aanbid. God ontvang nie jou aanbidding met plesier, indien jy insluimer of ledige gedagtes gedurende eredienste het nie.

God het gunstig na slegs Abel en sy offerande gekyk

Adam en Eva het natuurlik baie goed van die geestelike wet omtrent die wet van offerandes wat aangebied moet word geweet, omdat Hy hulle die wet geleer het in die Tuin van Eden vir 'n lang tydperk, terwyl Hy saam met hulle 'n pad gestap het. Natuurlik, hulle het sekerlik vir hulle kinders geleer om behoorlike offerandes na God te bring.

Aan die een kant, het Abel vir God met die offerbloed in gehoorsaamheid aanbid, soos sy ouers hom geleer het. Aan die ander kant, het Kain nie die offerbloed gebring nie, maar van die vrugte afkomstig van die aarde as 'n offer aan God, deur sy eie beredenering.

Met inagneming van dit, sê Hebreërs 11:4, "Omdat Abel geglo het, het hy 'n beter offer aan God gebring as Kain. Vanweë Abel se geloof het hy van God bevestiging ontvang dat hy 'n opregte man is, want God het sy offers aangeneem; en deur dieselfde geloof spreek hy nou nog, al is hy reeds dood."

God het Abel se offer aangeneem, omdat hy God geestelik aanbid het in gehoorsaamheid volgens Sy wil, met geloof. Nietemin, God het nie Kain se offer aanvaar nie, omdat hy Hom nie geestelik aanbid het nie, maar hy Hom net ooreenkomstig sy eie standaarde en metodes aanbid het.

Kain vermoor Abel uit afguns

Nadat Kain gesien het dat God slegs sy broer se offer, maar nie syne, aanvaar het, het Kain baie kwaad geword en was hy neerslagtig. Uiteindelik het hy Abel aangeval en hom vermoor.

Binne slegs een generasie sedert die ontstaan van die menslike beskawing op die aarde, ongehoorsaamheid veroorsaak afguns, afguns veroorsaak gulsigheid en haat, en gulsigheid en haat lei tot moord. Hoe verskriklik is dit?

Jy kan sien hoe gou kan mense hulle harte met sonde besmet, die oomblik wat hulle sonde in hulle harte toelaat. Dit is waarom jy nie 'n krieseltjie sonde in jou hart moet toelaat nie, maar dit dadelik moet verwyder.

Wat het van die eerste moordenaar, Kain, geword? Sommige mense argumenteer dat Kain nie gered kon word nie, omdat hy sy regverdige broer, Abel, vermoor het.

Kain het geweet dat God met sy ouers was. In vergelyking met vandag se mense, het mense in Kain se tyd 'n relatiewe klein oorspronklike sonde van hulle ouers geërf. Alhoewel Kain sy broer op die ingewing van die oomblik vermoor het, was sy gewete ook skoon gewees.

Daarom, selfs al het hy 'n moord gepleeg, kon Kain berou toon deur God se straf, en God sou aan hom genade betoon.

Kain was gered na deeglike berou

In Genesis 4:13-15 het Kain by God gepleit dat sy straf te swaar was, en vir Sy genade gevra, nadat hy vervloek was en 'n doellose swerwer op die aarde geword het. Hy was ook bang dat wie hom raakloop, hom sal vermoor. Maar die Here sê vir hom: "Nee! Wie vir Kain vermoor, sal sewe maal gestraf word." Toe gee die Here vir Kain 'n teken sodat niemand wat hom raakloop, hom sou doodmaak nie.

Hier moet jy besef hoe diep berou Kain gehad het, nadat hy sy broer vermoor het. Eers dan kon hy 'n manier vind om met

God te kommunikeer, en sou God aan hom 'n teken gee, dat Hy hom vergewe het. Indien Kain 'n verlore geval was en vir die Hel bestem was, waarom sou God Kain se pleidooi in die eerste plek aangehoor het, wat nog te sê, om vir hom 'n teken te gee?

Kain moes op die aarde 'n doellose swerwer wees as sy straf, omdat hy sy broer vermoor het, maar aan die einde het hy die saligheid ontvang deur die diepe berou oor sy sonde. Nietemin, soos in Adam se geval, was Kain ternouernood gered en toegelaat om in die buitewyke, nie in die middel nie, van die Paradys te woon.

Die God van geregtigheid kon nie toelaat dat Kain 'n beter woonplek as die Paradys in die hemel bekom nie, ten spyte van sy berou. Selfs al het Kain in 'n betreklik skoner en minder sondige tydperk gelewe, was hy nog steeds sondig genoeg om sy eie broer te vermoor.

Nieteenstaande, Kain kon dalk in staat gewees het, om 'n beter plek in die hemel te bekom, indien hy sy sondige hart in 'n goeie verander het, en God met al sy krag en uit die diepte van sy hart probeer verheerlik het. Nogtans, Kain se gewete was nie so skoon en suiwer nie.

Waarom straf God nie sondige mense dadelik nie?

Jy kan baie vrae hê terwyl jy 'n goeie geloofslewe lei. Sommige mense is baie sondig, maar God straf hulle nie. Ander ly weens siektes of sterf as gevolg van hulle sondigheid. Nog ander sterf op 'n jong ouderdom, alhoewel dit blyk dat hulle gelowig teenoor God was.

Byvoorbeeld, Koning Saul was sondig genoeg in sy hart om

Dawid te probeer vermoor, alhoewel hy geweet het dat God vir Dawid gesalf het. Steeds het God vir Koning Saul ongestraf gelaat. Met die gevolg, Saul het vir Dawid nog meer vervolg.

Dit was 'n voorbeeld van die voorsienigheid van God se liefde. God wou Dawid leer, deur van hom 'n groot toonbeeld te maak, en uiteindelik koning, deur Saul se sonde. Dit is waarom Koning Saul gesterf het, nadat God se dissipline van Dawid voltooi was.

Eweneens, afhangend van elke individu, straf God mense dadelik of laat hulle toe om ongestraf voort te lewe. Enigiets bevat God se voorsienigheid en liefde.

Jy moet na 'n beter plek in die hemel hunker

In Johannes 11:25-26, sê Jesus, "Ek is die opstanding en die lewe. Wie in my glo, sal lewe, al sterwe hy ook; en elkeen wat lewe en in My glo, sal in alle ewigheid nooit sterwe nie. Glo jy dit?"

Hulle wie saligheid deur die aanvaarding van die evangelie ontvang het, sal sekerlik opgewek word, en in 'n geestelike liggaam geplaas word, om die ewigdurende vreugde in die hemel te geniet. Hulle wie nog steeds op die aarde lewe, sal op 'n wolk weggeraap word, om die Here in die lug te ontmoet, wanneer Hy vanaf die hemel neerdaal. Hoe meer jy die beeld van God aanneem, hoe beter plek sal jy in die hemel bekom.

Oor dit vertel Jesus ons in Matteus 11:12 dat "Sedert die dae van Johannes die Doper tot nou toe breek die koninkryk van die hemel vir homself 'n pad oop, en mense wat hulle kragtig inspan, kry dit in besit." Jesus het aan ons nog 'n belofte in Matteus 16:27 gemaak, "Die Seun van die mens gaan saam met

HEL

sy engele kom. Hy sal beklee wees met dieselfde heerlikheid as sy Vader en sal elkeen volgens sy dade vergeld." 1 Korintiërs 15:41 bemerk dat "Die glans van die son is anders as dié van die maan of dié van die sterre. Ook verskil die een ster se glans van dié van die ander."

Jy kan dit nie verhelp om na 'n beter plek in die hemel te hunker nie. Jy moet 'n poging aanwend om heiliger en gelowiger in God se huis te word, sodat jy toegelaat sal word om Nuwe Jerusalem, waar die Troon van God gehuisves word, binne te gaan. Soos 'n landbouer wat besig is om te oes, probeer God soveel as moontlik mense lei na 'n beter koninkryk van die hemel, deur die menslike ontwikkeling op die aarde.

Jy moet die geestelike wêreld beter ken om die hemel te kan ingaan

Mense wie nie vir die Here en Jesus Christus ken nie, kan beswaarlik Nuwe Jerusalem ingaan, selfs al was hulle deur die oordeel van die gewete gered.

Daar is mense wie nie duidelik die voorsienigheid van die menslike ontwikkeling, die hart van God en die geestelike wêreld verstaan nie, alhoewel hulle die evangelie gehoor het. Daarom, hulle weet nie dat die kragtige manne op die koninkryk van die hemel beslag lê nie, ook het hulle geen hoop vir Nuwe Jerusalem nie.

God sê vir ons, "Bly getrou tot die dood toe, en Ek sal julle die lewe as kroon gee" (Die Openbaring 2:10). God gee vir jou oorvloedige belonings in die hemel, ooreenkomstig tot dit wat jy gesaai het. Die beloning is baie kosbaar, omdat dit ewigdurend

Die Weg van die Saligheid vir Hulle Wie Nooit die Evangelie Hoor nie

voortbestaan.

Wanneer jy dit in gedagte hou, kan jy jouself goed voorberei as 'n pragtige bruid vir die Here, soos die die vyf wyse maagde, en die hele gees ten uitvoer bring.

1 Tessalonisense 5:23 lees, "Mag God wat vrede gee, julle volkome aan Hom toegewyd maak en julle geheel en al, na gees, siel en liggaam, so bewaar dat julle onberispelik sal wees wanneer ons Here Jesus Christus weer kom!"

Daarom moet jy jouself ywerig voorberei as 'n bruid van die Here, om die hele gees ten uitvoer te bring, voor die wederkoms van die Here Jesus Christus, of God se roeping van jou siel, watter een ookal eerste plaasvind.

Dit is nie genoeg om elke Sondag kerk toe te gaan en te getuig, "Ek glo." Jy moet ontslae raak van enige vorm van sonde, en op alle gebiede van God gelowig wees. Hoe meer jy God verheerlik, hoe beter woonplek sal jy in die hemel ingaan.

Ek moedig jou aan om met hierdie kennis 'n ware kind van God te word. In die naam van die Here, bid ek dat jy nie alleen op hierdie aarde met die Here 'n pad sal stap nie, maar ook nader aan die Troon van God in die hemel vir ewig en altyd sal lewe.

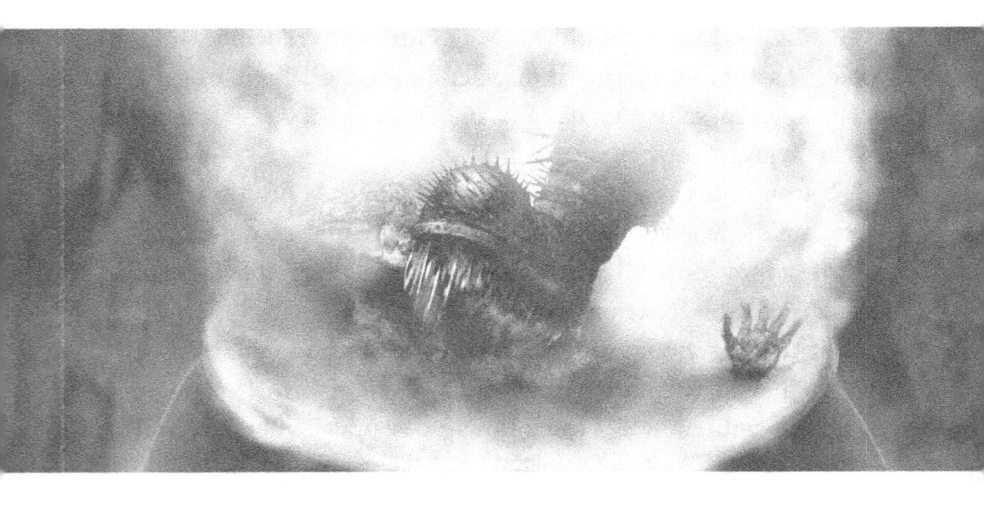

Hoofstuk 3

Laergraf en die Identiteit van die Boodskappers van die Hel

1. Die Boodskappers van die Hel Neem Mense na die Laergraf
2. 'n Wagplek na die Wêreld van Bose Geeste
3. Verskillende Strawwe in die Laergraf Vir Verskillende Sondes
4. Satan in Beheer van die Laergraf
5. Die Identiteit van die Boodskappers van die Hel

"God het selfs die engele wat gesondig het, nie gespaar nie. Hy het hulle in die hel gestort en hulle laat boei om in die duisternis gevange gehou te word vir die oordeel."
(2 Petrus 2:4)

"So het die Here Hom bekend gemaak, Hy het reg laat geskied, en die skuldige is deur sy eie handewerk gevang."
(Psalm 9:17)

Met oestyd elke jaar is landbouers opgewonde, oor die verwagtinge van goeie oeste. Nogtans is dit vir hulle moeilik om gedurig eerstegraad koring te oes, alhoewel hulle daagliks, elke nag, hard werk om kunsmis in te werk en ook onkruid uit te roei. Tussen die oes sal daar ook tweede en derdegraad koring en selfs kaf wees.

Mense kan nie die kaf vir voedsel eet nie. Bowendien, die kaf kan nie saam met die koring geberg word nie, want die kaf sal die koring laat bederf. Dit is waarom die landbouers die kaf versamel en dit verbrand, of dit vir bemesting gebruik.

Dit is dieselfde met God se menslike ontwikkeling op die aarde. God soek ware kinders wie ook 'n heilige en volmaakte ewebeeld van God het. Eweneens, daar is sommige mense wie nie deeglik van hulle sondes ontslae raak nie, en ander wie geheel en al deur die sonde verteer word, en sodoende hulle menswaardigheid verloor. God wil heilige en ware kinders hê, maar Hy versamel ook selfs hulle wie gesterf het, voordat hulle volkome van hulle sondes ontslae geraak het, solank hulle probeer om in die geloof te lewe.

Aan die een kant, God stuur nie mense na die skrikwekkende Hel indien hulle geloof so groot soos 'n mosterdsaad is nie, om te vertrou op die bloed van Jesus Christus, ongeag van Sy oorspronklike doel, om ware kinders te ontwikkel en te versamel. Aan die ander kant, hulle wie nie in Jesus Christus glo nie en teen God tot die einde veg, het geen ander keuse as om Hel toe te gaan nie, omdat hulle die weg van selfvernietiging gekies het, deur hulle eie boosheid binne hulleself.

Dus, hoe sal ongeredde siele na die Laergraf gelei word, en hoe sal hulle daar gestraf word? Ek sal in volle besonderhede die

Laergraf, wat aan die Hel behoort, en die identiteit van die boodskappers van die Hel beskryf.

1. Die Boodskappers van die Hel Neem Mense na die Laergraf

Aan die een kant, wanneer 'n geredde persoon met geloof sterf, kom twee engele en lei hom na die Bograf, wat aan die hemel behoort. In Lukas 24:4, vind ons twee engele wat vir Jesus gewag het, na Sy begrafnis en opstanding. Aan die ander kant wanneer 'n ongeredde persoon sterf, kom twee boodskappers van die Hel om hom na die Laergraf te lei. Dit is gewoonlik moontlik om te weet of 'n persoon op sy sterfbed gered is of nie, deur die waarneming van die persoon se gesigsuitdrukking.

Voor die oomblik van die dood

Mense se geestelike oë word voor die oomblik van die dood geopen. Die persoon sterf kalm met 'n glimlag, wanneer hy of sy die engele in die lig waarneem, en die dooie liggaam word nie dadelik styf nie. Selfs na twee of drie dae sal die dooie liggaam nog nie vergaan of 'n slegte reuk veroorsaak nie, en dit wil voorkom asof die persoon nog lewe.

Hoe verskriklik en angswekkend moet ongeredde mense voel, om die afgryslike boodskappers van die Hel te sien? Hulle sterf angswekkend en kan nie hulle oë sluit nie.

Indien iemand se saligheid onseker is, veg die engele en die boodskappers van die Hel om die siel na hulle onderskeie bestemmings te neem. Dit is waarom die persoon so angstig is tot by die dood. Hoe vreesbevange en angstig sal 'n persoon nie wees, wanneer hy boodskappers van die Hel sien, wat voortdurend klagtes teen hom inbring wat sê, "Hy het geen geloof om gered te word nie"?

Wanneer 'n mens met swak geloof op sy sterfbed is, moet mense met 'n sterk geloof hom help, om deur gebede en lofprysing, groter geloof te bekom. Hy mag dan die saligheid verkry selfs op sy sterfbed, omdat hy geloof het. Selfs al ontvang hy net die skandelike saligheid wat hom in die Paradys laat opeindig.

Jy kan sien dat die persoon op sy sterfbed rustig word, omdat hy geloof ontvang en sodoende gered word, terwyl mense vir hom bid en lofprysinge doen. Wanneer 'n baie gelowige persoon op sy sterfbed is, is dit onnodig om hom te help om in die geloof te groei. Dit is beter om vir hom hoop en vreugde te gee.

2. 'n Wagplek na die Wêreld van Bose Geeste

Aan die een kant, selfs 'n persoon met 'n baie swak geloof kan op sy sterfbed gered word, indien hy geloof deur gebed en lofprysing verkry. Aan die ander kant, indien iemand nie gered is nie, neem die boodskappers van die Hel hom na die wagplek wat aan die Laergraf behoort, waar hy homself vir die wêreld van die bose geeste moet voorberei.

Net soos wat geredde siele drie dae as 'n voorbereidings tydperk in die Bograf het, het ongeredde siele ook drie dae in die wagplek van die Laergraf om vir die ergste te wag.

HEL

Drie dae van voorbereiding in die wagplek

Die wagplek in die Bograf, waar geredde siele vir drie dae bly, is vol van blydskap, vrede en hoop vir die heerlike lewe wat voorlê. Die wagplek in die Laergraf is egter net die teenoorgestelde.

Ongeredde siele sal in ondraaglike pyn lewe en verskeie soorte strawwe ontvang, ooreenstemmend met hulle dade in hierdie wêreld. Voordat hulle in die Laergraf beland, berei hulle hulself voor, vir drie dae in die wagplek vir die lewe in die wêreld van die bose geeste. Hierdie drie dae in die wagplek is nie vreedsaam nie, maar slegs die begin van hulle ewigdurende pynlike lewe.

Verskillende soorte voëls met groot, skerp snawels pik na hierdie siele. Hierdie voëls is baie lelike afskuwelike geestelike voorwerpe, verskillend van die voëls van hierdie wêreld wat aan ons bekend is.

Ongeredde siele is reeds van hul liggame geskei en daarom, mag jy dalk dink hulle kan geen pyn ervaar nie. Nogtans, hierdie voëls kan hulle seermaak, omdat voëls in die wagplek ook geestelike weses is.

Wanneer die voëls die siele pik, word hulle liggame oopgeskeur, bloeding ontstaan en hulle velle kom ook af. Die siele probeer om die pikkende voëls te ontwyk, maar slaag nie daarin nie. Hulle worstel en buk laag met skreeugeluide. Somtyds kom die voëls en probeer om hulle oë uit te pluk.

3. Verskillende Strawwe in die Laergraf vir Verskillende Sondes

Na die drie dae in die wagplek, word ongeredde siele na verskillende dele in die Laergraf as straf toegedeel, ooreenkomstig hulle sondes op hierdie wêreld gepleeg. Die hemel is baie ruim. Die Hel is ook baie ruim, sodat daar ontelbare afsonderlike plekke is om ongeredde siele te akkommodeer, selfs in die Laergraf, wat slegs 'n deel van die Hel is.

Verskillende strafplekke

Die Laergraf is algeheel donker en bedompig, en die siele kan die skroeiende hitte daar aanvoel. Ongeredde siele sal gedurig deur met slanery, pikkery en stukkend skeurdery gefolter word.

In hierdie wêreld, wanneer jou been of arm geamputeer word, moet jy daarsonder lewe. Wanneer jy doodgaan, is jou angs en probleme saam met die dood weg. In die Laergraf, egter, indien jou nek afgekap word, sal jou nek dit weer self herskep. Selfs al word enige deel van jou liggaam afgekap, sal jou liggaam dit spoedig weer na normaal herstel. Net soos wat jy nie water met die skerpste swaard of mes kan sny nie, kan geen foltering, pikkery, of skeuring van liggaamsdele in stukke enige doodsangs beëindig nie.

Jou oë sal spoedig herstel, nadat die voëls dit raakgepik het. Selfs as jy gewond is en jou ingewande peul uit, sal jy spoedig herstel. Jou bloed sal sonder ophou gestort word, terwyl jy gefolter word, maar jy sal nie sterf nie, omdat jou bloedvlakke spoedig opgevul sal word. Hierdie afgryslike patroon pynig jou herhaaldelik.

Daarom is waarom daar 'n rivier vol bloed is, wat sy oorsprong vanaf die siele se bloedstortings in die Laergraf het. Onthou dat 'n gees onverganklik is. Wanneer dit herhaaldelik aanhoudend gepynig word, sal die pyn ook vir ewig aanhou. Siele soebat om te sterf, maar hulle kan nie en dit is ontoelaatbaar, om te sterf. Van onophoudelike pynigings is die Laergraf vol van mense se geskree, gekreun en bloederige reuke van verrotting.

Angswekkende gille in die Laergraf

Ek veronderstel dat sommiges van julle al oorlog eerstehands ervaar het. Indien nie, dan het julle seker al afgryslike tonele van gille en pyn in oorlogsrolprente of historiese dokumentêre films gesien. Gewonde mense is oral te sien. Sommiges van hulle het arms of bene verloor. Hulle oë is verbrysel, en selfs die inhoud van hulle breins is weggeskiet. Niemand weet wanneer artillerie vuur op hom of haar gaan reën nie. Daardie plek is vol van verstikkende rook van die artillerie, bloedreuke, kreungeluide en gille. Mense mag so 'n toneel met reg as "hel op aarde" beskryf.

Nietemin, hierdie noodlottige toneel van die Laergraf is baie meer ellendig, as die ergste toneel van enige slagveld in die hele wêreld. Verdermeer, siele in die Laergraf ly nie alleenlik van die huidige folterings nie, maar vrees ook die folterings wat gaan kom.

Die pyniging is te veel vir hulle en hulle probeer dit tevergeefs ontglip. Verdermeer, al wat op hulle wag is die brandende vuur en die swael van die dieper Hel.

Hoe sal siele nie spyt wees en dit betreur, wanneer hulle die brandende swael van die Hel aanskou, en sê, "Ek moes geglo het, toe hulle die evangelie verkondig het.... Ek moes nie gesondig het nie...!" Nietemin, daar is nie 'n tweede geleentheid nie, en daar is geen manier vir hulle om salig te word nie.

4. Satan in Beheer van die Laergraf

Niemand kan die moontlike omvang van die soorte strawwe in die Laergraf vasstel nie. Net soos wat die metodes van foltering in hierdie wêreld verskil, kan dieselfde gesê word van die folterings in die Laergraf.

Sommiges mag ly, omdat hulle liggame besig is om te verrot. Ander se liggame word geëet of gekou, en hulle bloed word deur verskeie luise en insektes uitgesuig. Verder word ander teen gloeiende warm klippe gedruk of moet bly staan op sand, waarvan die temperatuur sewe keer hoër as by die strande of woestyne in hierdie wêreld is. In sekere gevalle word die siele, deur die boodskappers van die Hel self gefolter. By ander folteringmetodes is water, vuur en ander ondenkbare metodes en toerusting betrokke.

Die God van liefde regeer nie die plek vir ongeredde siele nie. God het vir die bose geeste die mag gegee om oor die plek te regeer. Die hoof van alle bose geeste, Satan, beheer die Laergraf, waar ongeredde siele soos die kaf, moet bly. Daar is geen genade of medelye nie, en Satan het oor alle aspekte van die Laergraf beheer.

Die identiteit van Satan, die hoof van alle bose geeste

Wie is Satan? Satan was een van die aardsengels, vir wie God baie lief was, en genoem was "seun van die dagbreek" (Jesaja 14:12). Nogtans, hy het teen God gerebelleer en het die hoof van die bose geeste geword.

Engele in die hemel het nie mensheid en hulle eie vrye wil nie. Daarom, kan hulle nie dinge deur hulle eie wil uivoer nie, maar voer opdragte soos robotte uit. Nietemin, God gee in uitsonderlike gevalle vir sekere engele, mensheid en deel met hulle liefde. Satan, wie een van sulke engele was, was vir die hemelse musiek verantwoordelik. Satan het vir God met sy mooi stem en musiekinstrumente geprys, en verheerlik deur God se glorie te besing.

Hy het egter geleidelik verwaand geraak, as gevolg van God se spesiale liefde vir hom, en sy begeerte om meer senioriteit te verkry en kragtiger te word, totdat God hom aan die einde gelei het, om teen hom te rebelleer.

Satan rebelleer en daag God uit

Die Bybel vertel ons dat 'n geweldige groot getal engele vir Satan gevolg het (2 Petrus 2:4; Judas 1:6). Daar is tienduisendtalle engele in die hemel, en ongeveer een derde van hulle het Satan gevolg. Jy kan jou net voorstel hoeveel engele het vir Satan gevolg. Satan het teen God gerebelleer, tydens sy opstandigheid.

Hoe was dit dan moontlik dat ontelbare engele vir Satan

gevolg het? Jy kan dit maklik verstaan, indien jy aan die feit dink dat engele slegs opdragte gehoorsaam en uitvoer, soos wat masjiene en robotte dit doen.

Eerstens, Satan het die ondersteuning van sommige hoofengele bekom, wie onder sy invloed was, en dan het hy maklik ondergeskikte engele onder daardie hoofengele bekom.

Behalwe die engele, het drake en 'n deel van die engelagtiges tussen die geestelike weses, ook Satan se rebellie gevolg. Satan, wie God in opstand uitgedaag het, was agter alles verslaan en saam met sy volgelinge uit die hemel, waar hy oorspronklik was, verwerp. Daarna was hulle in die ingewand van die aarde opgesluit, totdat hulle vir menslike ontwikkeling gebruik kan word.

Jy wat die helder môrester was, het uit jou hemel geval. Jy wat 'n oorwinnaar van nasies was, is in die grond in verletter. En dit jy, jy wat gedink het; ek klim op hemel toe, ek gaan my troon neersit bokant die hoogste sterre, ek gaan my plek inneem op die berg waar die gode mekaar ontmoet, ver in die noorde; ek klim op tot bokant die wolke, ek word soos die Allerhoogste self. Maar jy stort af in die doderyk, af tot in sy diepste deel (Jesaja 14:12-15).

Satan was onbeskryflik mooi, terwyl hy in die hemel was en God se oorvloed liefde geniet het. Alhoewel, na die rebellie het hy lelik en afgryslik geword.

Mense wie hom met hulle geestelike oë gesien het, sê dat Satan is so lelik dat jy hom weersinwekkend sal vind, deur hom net te sien. Hy lyk aaklig met sy slordige, deurmekaar gekleurde hare in verskeie kleure soos rooi, wit, en geel, terwyl dit in die lug hoog sweef.

Vandag lei Satan mense om hom met kleredrag en haarstyle na te boots. Wanneer mense dans is hulle baie wild, rumoerig en lelik, terwyl hulle met hul vingers tekens wys.

Hierdie is die tendense van ons tyd wat Satan skep, en dit word deur massa media en kultuur voortgedra en versprei. Hierdie tendense kan mense se emosie skade aandoen, en tot chaos lei. Verdermeer, hierdie tendense verlei mense om hulle van God te distansieer, en om selfs Sy bestaan te ontken.

Kinders van God moet anders wees, en nie in die wêreld se tendense vasgevang word nie. Indien jy in die wêreld se tendense vasgevang word, sal God se liefde nie in jou wees nie, omdat wêreldse tendense jou hart en gedagte wegneem (1 Johannes 2:15).

Bose geeste maak die Laergraf 'n droewige plek

Aan die een kant, die God van liefde is die goedheid self. Hy berei alle dinge vir ons voor, deur Sy wyse en goeie gedagte en oordeel. Hy wil hê dat ons ewigdurend, in die uiterste vreugde in die pragtige hemel moet bly. Aan die ander kant, Satan homself is boos. Bose geeste, as volgelinge van Satan, dink voortdurend aan maniere om mense erger te folter. Met hulle bose wysheid maak hulle die Laergraf 'n meer skrikbevange plek, deur allerhande folteringsmetodes uit te dink.

Selfs in hierdie wêreld, regdeur die geskiedenis het mense verskeie wrede folteringsmetodes uitgedink. Toe Korea onder die heerskappy van Japan was, het die Japanese die Koreaanse leiers van nasionale onafhanklike bewegings, gefolter deur hulle vingernaels aan die onderkant met 'n bamboesnaald te deurboor, of om hulle vinger en toonnaels een vir een uit te trek. Hulle het ook 'n mengsel van rooipeper en water in die oë en neusgate van die bewegingsleiers gegooi, terwyl hulle onderstebo opgehang was. 'n Weersinwekkende reuk van brandende vlees het die folterkamer oorheers, omdat Japanese folteraars verskeie liggaamsdele van hulle met warm stukke metaal gebrand het. Hulle inwendige organe het by hulle buike uitgebars, weens die aanhoudende geslanery.

Hoe het mense misdadigers regdeur die Koreaanse geskiedenis gefolter? Hulle sou 'n misdadiger se bene gedraai het, as 'n vorm van foltering. Die misdadiger was dan by sy enkels en knieë vasgebind, met twee stokke tussen sy twee kuite geplaas. Die bene in die misdadiger se twee bene was dan verbrysel, sodra die folteraar die twee stokke beweeg het. Kan jy jou voorstel hoe pynlik dit moes gewees het?

Die folterings wat deur die mense uitgevoer word, is so wreed soos wat eie voorstellings daarvan, ons kan laat besef. Dus, hoeveel wreder en ellendig moet dit wees, wanneer die bose geeste met baie meer kragtige wysheid en vermoëns, ongeredde siele folter? Dit gee vir hulle groot plesier, om verskeie foltermetodes te ontwikkel, en dit op ongeredde siele te gebruik.

Dit is waarom jy die wêreld van die bose geeste moet ken. Dan kan jy hulle regeer, beheer en oorkom. Jy kan hulle maklik verslaan, deur jouself heilig en rein te hou, sonder om deel van die wêreldse tendense te wees.

5. Die Identiteit van die Boodskappers van die Hel

Wie is hierdie boodskappers van die hel wie ongeredde mense in die Laergraf folter? Hulle is ondergeskikte engele wie vir Satan gevolg het gedurende die rebellie, voordat die wêreld begin het.

Dink ook aan wat gebeur het met die engele wat hulle nie binne hulle eie magsgebied gehou het nie, maar hulle aangewese woonplek verlaat het. God het hulle met onbreekbare kettings gebind en hou hulle in duister dieptes vir die oordeel van die groot dag (Judas 1:6).

Die gevalle engele kan nie vrylik na die wêreld kom nie, omdat God hulle vasgeketting het in die duisternis tot die Oordeel van die Groot Wit Troon. Sommige mense handhaaf die siening dat bose geeste die gevalle engele is, maar dit is onwaar. Bose geeste is ongeredde siele wie uit die Laergraf vrygelaat word, om hulle werk onder spesiale omstandighede te verrig. In hoofstuk 8 sal ek dit volledig bespreek.

Engele wie saam met Satan tot 'n val gekom het

God het die gevalle engele in die duisternis vasgeketting – Hel – tot die Oordeel. Dus, die gevalle engele kan nie uitkom na die wêreld nie, behalwe by uitsonderlike geleenthede.
Hulle was baie mooi, totdat hulle teen God in opstand gekom het. Nietemin, die boodskappers van die hel was geensins mooi of briljant voor hulle geval en vervloek was.

Hulle lyk so aaklig, dat jy hulle walglik sal vind. Hulle voorkoms lyk soos gesigte van mense of hulle lyk soos verfoeilike diere.

Hulle voorkoms is soortgelyk aan die van verfoeilike diere soos varke, waarvan in die Bybel geskryf word (Levitikus 11). Maar hulle het vervloekte, lelike voorkomste. Hulle versier ook hulle liggame met snaakse kleure en patrone.

Hulle dra metaal harnasse en militêre skoene. Skerp voorwerpe vir foltering, is stewig aan hulle liggame geheg. Hulle het dikwels 'n mes, swaard of 'n sweep in hulle hande.

Hulle neem 'n dominerende houding in en jy kan hulle sterk krag aanvoel, wanneer hulle naby jou verby beweeg, omdat hulle hul omvattende krag en mag in die duisternis oefen. Mense vrees bose geeste geweldig baie. Die boodskappers van die hel is egter baie meer skrikwekkend as die bose geeste.

Boodskappers van die hel folter siele

Wat presies is die rol van die boodskappers van die hel? Dit is grotendeels om ongeredde siele te folter, wanneer hulle die hel binnekom.

Meer ernstige folterings wat deur die boodskappers van die hel uitgevoer word, word gereseveer vir hulle in die Laergraf met swaarder strawwe. Byvoorbeeld, 'n lelike varkvormige boodskapper van die hel, sny die siel se liggaam of blaas dit af soos ballonne of hulle word geslaan.

Ter byvoeging, die mense word met verskeie metodes gefolter. Selfs kinders word nie van die foltering uitgesluit nie. Wat ons siele breek, is die feit dat die boodskappers van die hel,

HEL

die kinders steek of slaan vir vermaak. Daarom, jy moet daadwerklik probeer dat geen siel in die Hel beland nie, want die Hel is wreed, ellendig en 'n afskuwelike plek gevul met gedurige pyn en lyding.

Ek was in 1992 op die drumpel van die dood, as gevolg van oormatige spanning en te veel werk. Op daardie stadium het God vir my baie kerklidmate gewys, wie die wêreld se tendense navolg. Ek het ernstig gehoop om by God te wees, totdat ek hierdie toneel aanskou het. Ek kon egter nie langer hoop om by God te wees nie, omdat ek besef het dat baie van my skape in die Hel sou beland.

Dus het ek my gedagte verander, en vir God gevra om my te laat herleef. God het vir my krag in 'n oomblik gegee, en tot my verbasing was ek instaat om van my sterfbed op te staan, terwyl ek volkome gesond was. Die krag van God het my laat herleef. Omdat ek so baie goeie kennis van die Hel het, het ek vuriglik die geheime van die Hel, soos deur God aan my ontvou, verkondig in die hoop dat ek een meer siel gered kan kry.

Hoofstuk 4

Strawwe in die Laergraf vir Ongeredde Kinders

1. Fetus en Suigeling
2. Kleuters
3. Kinders Oud Genoeg om te Loop en te Praat
4. Kinders vanaf Ouderdom Ses tot Twaalf
5. Jeugdiges Wie vir Profeet Elisa Bespot het

...s so nou aan mekaar verbonde; opgewonde het ons
saam na die huis van God toe gegaan."
(Psalm 55:15)

"Elisa is daarvandaan op na Bet-El toe. Terwyl hy op pad was
daarnatoe, het 'n klomp klein seuntjies uit die stad gekom en
hom gespot: ' Hoër op, kaalkop! Hoër op, kaalkop!' Hy het
omgedraai, hulle aangekyk en hulle vervloek in die Naam van
die Here. Twee bere het uit die bos gekom en twee en veertig van
die kinders verskeur."
(2 Konings 2:23-24)

In die vorige hoofstuk het ek dit beskryf hoe die gevalle aartsengel, Satan, die Hel regeer en hoe ander engele onder Satan se leierskap help regeer. Die boodskappers van die hel folter ongeredde siele in ooreenstemming met hulle sondes. Oor die algemeen is die Laergraf se strawwe in vier vlakke verdeel. Die ligste straf word opgelê aan die persone wie in die Hel, as gevolg van die oordeel van die gewete, beland het. Die swaarste straf word opgelê aan persone wie se gewete gebrandmerk is, en wie God op dieselfde wyse as Judas Iskariot gekonfronteer het, deur Jesus tot sy eie voordeel te verkoop.

In die volgende hoofstukke sal ek die strawwe verduidelik wat aan ongeredde siele in die Laergraf, wat aan die Hel behoort, opgelê word. Voordat ons delf in die strawwe wat volwassenes opgelê word, wil ek die soorte strawwe wat aan ongeredde kinders van verskillende ouderdomsgroepe opgelê word, bespreek.

1. Fetus en Suigeling

Selfs 'n gedagtelose kind kan na die Laergraf gaan, indien hy nie die oordeel van die gewete kan slaag, as gevolg van die sondige natuur wat hy van sy ongelowige ouers geërf het. Die kind sal 'n relatiewe ligte straf ontvang, omdat sy sonde klein is in verhouding tot die van 'n volwassene, maar hy sal steeds ly weens honger en ondraaglike pyn.

Suigelinge huil en ly weens honger

Gespeende babas wie nog nie kan loop of praat nie, word

HEL

afsonderlik geklassifiseerd en in 'n groot plek gevange gehou. Hulle kan nie op hulle eie dink, beweeg of loop nie, omdat ongeredde babas dieselfde kenmerke behou as die oomblik tydens hulle dood.

Verdermeer, hulle weet nie waarom hulle in die Hel is nie, omdat daar geensins enige kennis in hulle breine geregistreer is nie. Hulle huil net as gevolg van honger, omdat dit natuurlik is, sonder om te weet wie hulle ouers is. 'n Boodskapper van die hel sal 'n suigeling se buik, arm, been, oog, vinger of toonnael met 'n skerp voorwerp steek, sodat dit ooreenstem met 'n frikboortjie se merk. Die baba sal dan 'n skril skreeugeluid maak, terwyl die boodskapper van die hel net van groot plesier sal lag. Alhoewel hulle voortdurend huil, is daar niemand wie na hierdie babas omsien nie. Hulle huilery gaan voort, deur die uitputting en geweldige pyn. Verdermeer, die boodskappers van die hel vergader somtyds saam, tel een baba op, en blaas lug in die baba soos wat jy met 'n ballon doen. Hulle gooi, skop of speel vang met die baba vir hulle plesier. Hoe wreed en afskuwelik in dit nie?

Uitgestorwe fetusse word van warmte en gemak ontneem

Wat is die bestemming van fetusse wie sterf, voordat hulle gebore word? Soos wat ek alreeds verduidelik het, die meeste van hulle word gered, maar daar is ook 'n paar uitsonderings. Sommige fetusse kan nie gered word nie, omdat hulle met die slegte natuur wat hulle van hulle ouers geërf het, verwek is, omdat hulle ouers ernstig teen God gedraai het, en uiterste sondige dade gepleeg het. Die siele van ongeredde fetusse word ook gevange gehou, in 'n plek soortgelyk aan die van die gespeende babas.

Hulle word nie so erg gefolter soos die siele van ouer persone nie, omdat hulle geen gewete het en geen sonde gepleeg het tydens hulle dood nie. Hulle straf en vervloeking is dat hulle in die steek gelaat is, sonder die warmte en gemak, terwyl hulle in die moederskoot was.

Liggaamsraamwerke in die Laergraf

In watter vorme is ongeredde siele in die Laergraf? Aan die een kant, indien 'n gespeende kind sterf, word hy daar gevange as 'n gespeende kind gehou. Indien 'n fetus in sy moederskoot sterf, word hy in die Laergraf in die vorm van 'n fetus gevange gehou. Aan die ander kant, geredde siele in die hemel sal 'n nuwe opgewekte liggaam aanneem, tydens die wederkoms van Jesus Christus, alhoewel hulle dieselfde vorm as in die wêreld het. Teen daardie tyd, sal elkeen hervorm word na 'n 33-jaar-oue persoon soos die die Here Jesus en 'n geestelike liggaam aanneem. 'n Kort persoon sal die mees optimale hoogte hê, en 'n persoon wie 'n been of arm verloor het se liggaamsdele sal herstel word.

Nogtans, ongeredde siele in die Hel kan nie nuwe opgewekte liggame kry nie, selfs nie eers na die Wederkoms van die Here nie. Hulle kan nie weer opstaan nie, omdat hulle geen lewe van Jesus Christus ontvang nie, dus, is hulle in dieselfde vorm as wat hulle tydens hulle dood was. Hulle gesigte en liggame is bleek en donkerblou – soos lyke – en hulle hare woes, omdat dit so afskuwelike in die Hel is. Party dra flenter klere, ander slegs 'n paar stukkies klere, terwyl ander niks het om hulle liggame te bedek nie.

In die hemel dra geredde siele pragtige wit mantels en krone wat helder skitter. Ter byvoeging, die helderheid van die mantels en versierings verskil, in ooreenstemming met elkeen se glorie en toekennings. Omgekeerd, in die Hel is die voorkoms van ongeredde siele verskillend, ooreenkomstig die omvang en soorte van hulle sondes.

2. Kleuters

Pasgebore babas groei en leer om op te staan, te waggel, en 'n paar woorde te uiter. Wanneer hierdie kleuters sterf, watter strawwe sal hulle opgelê word?

Kleuters word ook in een plek gegroepeer. Hulle ly instinktiewelik, omdat hulle nie in staat was om logies te dink of om iets oordeelkundig te beoordeel, tydens hulle afsterwe nie.

Kleuters huil oor hulle ouers in onhoudbare verskrikking

Kleuters is slegs twee tot drie jaar oud. Dus, hulle kan nie hulle dood insien nie, en weet nie waarom hulle in die Hel is nie, maar hulle kan steeds hulle ouers onthou. Dit is waarom hulle voordurend huil, "Waar is jy mammie? Pappie? Ek wil huistoe gaan! Waarom is ek hier?"

Terwyl hulle op hierdie wêreld gelewe het, het hulle moeders vinnig na hulle beweeg en styf vasgedruk, wanneer hulle byvoorbeeld geval en hulle knieë geskraap het. Nietemin, hulle moeders kan hulle nie te hulp snel, selfs al skree en huil hulle met liggame wat met bloed deurdrenk is nie. Skree 'n kind nie met trane in die oë van angs, wanneer hy of sy hul moeder by 'n supermark of afdelingswinkel verloor nie?

Hulle kan nie hulle ouers vind, wie hulle teen die afskuwelike Hel sal beskerm nie. Hierdie feit alleen is vreeslik genoeg, om hulle tot ondraaglike afsku te lei. Verdermeer, dreigende stemme en koddige laggeluide van die boodskappers van die hel, dwing babas om selfs harder met traantjies in die ogies te skree, maar alles is nutteloos.

Vir tydverdrywing, sal die boodskappers van die hel sommer vir 'n kleuter op die rug 'n klap gee, op hulle trap of met 'n sweep slaan. Dan sal kleuters, in skok en pyn, probeer om vir hulle weg te kruip of weg te hardloop. Nietemin, in so 'n oorvol plek kan die kleuters nie weghardloop nie, en in 'n warboel van trane en huilery, is hulle in mekaar verstrengel, trap op mekaar, word gekneus en kry seer, om bloed oor die hele plek te stort. Onder hierdie aaklige omstandighede huil kinders voortdurend met trane in hulle oë, omdat hulle na hul moeders verlang, honger en vreesbevange is. Sulke toestande alleen is "hel" vir hierdie babas.

Dit is feitlik onmoontlik vir kinders van die ouderdom twee of drie jaar om ernstige sondes of misdade te gepleeg het. Ten spyte hiervan, word hulle noodgedwonge gestraf soos genoem, as gevolg van hulle sondes van oorsprong, of sondes self gepleeg. Daarom hoeveel te meer sal volwassenes, wie meer sondes as kinders pleeg, gedwonge strawwe in die Hel opgelê word?

Nogtans, kan enigiemand die strawwe van die Hel vryspring, indien hy Jesus Christus, wie aan die kruis gesterf het en ons van die sonde vrygekoop het, aanneem en in die lig lewe. Hy kan die hemel ingelei word, omdat hy van die sondes van die verlede, die huidige en die toekoms vergewe is.

HEL

3. Kinders Oud Genoeg om te Loop en te Praat

Kleuters, wie begin loop en een of twee woorde kan uiter, en op die ouderdom van drie jaar goed kan hardloop en praat. Watter soorte strawwe sal hierdie kleuters met die ouderdom drie tot vyf jaar, in die Laergraf ontvang?

Boodskappers van die hel jaag hulle met spiese

Kinders tussen die ouderdom drie tot vyf jaar word in 'n afsonderlike donker en ruim plek geplaas, om daar gestraf te word. Hulle hardloop met alle mag in enige rigting in 'n poging om die boodskappers van die hel, wat hulle met drie-tand spiese in hulle hande jaag, te ontduik.

'n Drie-tand spies is 'n spies waarvan die punt in drie dele verdeel is. Die boodskappers van die hel jaag die siele van hierdie kinders, deurboor hulle met die spiese op dieselfde wyse, waarop 'n jagter sy wild agternasit en deurboor. Uiteindelik sal hierdie kinders 'n rotswand bereik, en ver benede die rotswand sien hulle water wat kook, soos lawa van 'n aktiewe vulkaan. Aan die begin huiwer hierdie kinders om vanaf die rotswand te spring, maar word verplig om in die kookwater te spring, in 'n poging om van die boodskappers van die hel, wat hulle jaag, te ontglip. Hulle het geen ander keuse nie.

Stryd om uit die kookwater te kom

Kinders kan die deurboring van die spiese in die hande van die boodskappers vermy, maar hulle is in die kookwater. Kan jy jou moontlik voorstel hoe pynlik dit moet wees? Kinders probeer om net hulle gesigte bokant die kookwater te kry, omdat dit hulle neusgate en monde binnedring. Wanneer die boodskappers dit sien, terg hulle die kinders deur te sê, "Is dit nie pret nie?" of "O, dit is so genotvol!" Dan skree die boodskappers, "Wie het hierdie kinders in die hel laat beland? Laat ons hulle ouers na die weg van die dood lei, en bring hulle hierheen wanneer hulle sterwe, sodat hulle kan sien hoe hulle kinders ly, en gefolter word!"

Presies dan, word die kinders, wie probeer om die kookwater te ontglip, gevang in 'n groot net soos waarin visse gevang word, en terug geplaas in die oorspronklike plek, vanwaar hulle begin weghardloop het. Hiervandaan, herhaal die pynlike proses dit self, van die kinders wat weghardloop vir die boodskappers met die spiese en hulle sprong af in die kookwater sonder einde.

Hierdie kinders is slegs drie tot vyf jaar oud; hulle kan nie vinnig hardloop nie. Tog, hulle probeer om so vinnig as moontlik te hardloop, om die boodskappers van die hel, wat hulle bedreig met die spiese te vermy, tot waar hulle die rotswand bereik. Hulle spring af tot in die kookwater en probeer dan weer daaruit kom. Hulle word dan in 'n groot net gevang, en weer teruggeplaas in die oorspronklike plek. Hierdie aksie word dan sonder einde herhaal. Hoe vreeslik tragies is dit!

Het jy al ooit jou vinger met 'n warm yster of 'n jagskottel gebrand? Dan sal jy beslis weet hoe warm en pynlik dit was. Dus, stel jou voor dat jou hele liggaam met kookwater deurdrenk is, of dat jy in 'n groot pot vol kookwater onderdompel word. Dit is pynlik en verskriklik, deur net daaraan te dink.

Indien jy al ooit 'n derdegraadse brandwond gehad het, sal jy onthou hoe verskriklik pynlik dit was. Jy mag dalk ook onthou van die rooierige binnevlees, die brandreuk van die vlees en die vreeslike walglike reuk van dooie selle in die gebrande vlees.

Selfs nadat die gebrande gedeelte herstel het, bly daar gewoonlik lelike littekens oor. Die meeste mense ondervind probleme, om 'n kameraadskap met persone wat sulke littekens het, aan te knoop. Somtyds ondervind selfs die slagoffer se familielede dit ongemaklik, om saam met hom uit te eet. Tydens die behandelingstye mag die pasiënt dit moeilik vind om die skraping van die verbrande vlees te verdra, en in die uiterste gevalle ontwikkel so 'n pasiënt geestelike afwykings. Dit kan lei tot die pleeg van selfmoord, as gevolg van die drukkende angstigheid, wat met die behandeling gepaard gaan. Wanneer 'n kind lei, as gevolg van 'n brandwond, sal die ouers ook die pyn in hulle eie harte voel.

Nogtans, die ergste brandwond op hierdie wêreld is onvergelykbaar met die strawwe wat die siele van die ongeredde kleuters in die hel aanhoudend, sonder einde sal ontvang. Die omvang van die pyn en wreedheid, wat hierdie strawwe bring oor hierdie kinders in die hel, is eenvoudig bokant ons voorstelling.

Nêrens om te hardloop of weg te kruip vanaf hierdie herhalende strawwe

Kinders hardloop en hardloop om die boodskappers van die hel, wie hulle met drie-tand spiese in hulle hande jaag, te vermy, en hulle val in kookwater vanaf 'n loodregte rotswand. Hulle is totaal in die kookwater onderdompel. Die kookwater kleef aan hulle liggame soos venynige lawa en ruik walglik. Verdermeer, die weersinwekkende en klewende kookwater dring hulle neusgate en monde binne, terwyl hulle spartel om uit die poel kookwater te kom. Hoe kan dit vergelykbaar wees met enige soort brandwond op hierdie wêreld, ongeag hoe ernstig dit ookal mag wees?

Hierdie kinders is nie dom nie, en het 'n gesonde verstand, selfs al word hulle herhaaldelik sonder 'n onderbreking, gefolter. Hulle kan nie mal word nie, of bewusteloos raak om te vergeet, of onbewus van die pyn word nie, selfs vir 'n kort rukkie nie, of selfmoord pleeg om die pyn in die hel te vermy nie. Hoe vreeslik is dit!

Dit is hoe kinders van ongeveer drie, vier of vyf jaar oud ly weens sulke geweldige hoeveelheid pyn in die Laergraf, as gevolg van straf oor hulle sondes. Kan jy dan, jou moontlik voorstel die soorte en omvang strawwe, wat vir ouer mense in ander dele van die hel in plek gehou word?

4. Kinders vanaf Ouderdom Ses tot Twaalf

Watter soorte strawwe sal aan ongeredde kinders in die ouderdomsgroep van ses tot twaalf in die Laergraf opgelê word?

Begrawe in 'n rivier vol bloed

Sedert die skepping van die wêreld, het ontelbare ongeredde siele hul bloed gestort, terwyl hulle verskriklik in die Laergraf gefolter is. Hoeveel bloed sou hulle nie gestort het, veral nadat hulle arms en bene herstel was, spoedig nadat dit afgekap was nie?

Hulle hoeveelheid bloed is genoeg om 'n rivier daarmee te skep, omdat hulle straf sonder einde herhaal word, ongeag die

HEL

hoeveelheid bloed wat reeds uitgestort was. Selfs in hierdie wêreld, na 'n groot oorlog van menseslagting, vorm mense se bloed 'n klein poeletjie of 'n klein stroompie. In so 'n geval, sal die lug gevul wees met 'n walglike reuk, afkomstig van die verrottende bloed. Op 'n warm somersdag is die reuk erger, en alle soorte skadelike insekte swerms en aansteeklike siektes word 'n epidemie.

In die Laergraf van die hel, is daar nie 'n klein poel of klein stroom nie, maar 'n wye diep rivier met bloed. Kinders van die ouderdom van omtrent ses tot twaalf jaar word op die rivierbank gestraf en daar begrawe. Hoe ernstiger die sonde is wat hulle gepleeg het, hoe nader aan die rivier en dieper word hulle begrawe.

Grawe van die grond

Kinders wie ver weg van die rivier met bloed is, word nie in die grond begrawe nie. Nogtans is hulle so honger dat hulle aanhou om die harde grond met hulle kaal hande uit te grawe, op soek na iets om te eet. Hulle grawe desperaat, maar tevergeefs, totdat hulle, hulle naels verloor en hulle vingerpunte almal kort en dik word. Hulle vingers is verslete tot omtrent die helfte van die oorspronklike lengte, en deurdrenk met bloed. Selfs die bene in hulle vingers is sigbaar. Uiteindelik raak hulle handpalms sowel as hulle vingers verslyt. Nogtans, ten spyte van die pyn, word hierdie kinders gedwing om te grawe, in die hoop om voedsel te vind.

Soos wat jy nader aan die rivier kom, kan jy maklik ontdek dat die kinders meer sondig is. Hoe meer sondig die kinders is, hoe nader aan die rivier word hulle geplaas. Hulle veg met mekaar, om mekaar se vlees af te byt, as gevolg van buitengewone honger, terwyl hulle halflyf in die grond begrawe is.

Die sondigste kinders word by die oewers van die rivier gestraf, en hulle word tot by hulle nekke in die grond begrawe. Mense in hierdie wêreld sal uiteindelik sterf, indien hulle tot by hulle nekke in die grond begrawe word, weens die feit dat die bloedsirkulasie regdeur die liggaam afgesny sal word. Die feit dat daar geen dood is nie, beteken slegs 'n eindlose doodsangs vir die ongeredde siele se straf in die hel.

Hulle lei as gevolg van die rivier se walglike reuk. Alle soorte skadelike insekte, soos muskiete en vlieë van die rivier, byt die kinders in die gesigte, maar hulle kan nie die insekte doodslaan nie, omdat hulle tot by die nekke in die grond begrawe is. Uiteindelik word hulle gesigte so opgeswel, tot die mate, dat hulle onherkenbaar is.

Ellendige kinders: speelgoed van boodskappers van die hel

Dit is geensins waar die kinders se lyding eindig nie. Hulle oordromme mag skeur van die boodskappers van die hel se harde gelag en geselsery met mekaar, terwyl hulle by die rivieroewer rus. Wanneer die boodskappers van die hel rus, trap of sit hulle sommer op die koppe van hierdie kinders wie in die grond begrawe is.

Die klere en skoene van die boodskappers van die hel, is met baie skerp voorwerpe toegerus. Dus, die kinders se koppe word vergruis en gesigte word versnipper, of hulle hare word in hope uitgetrek, terwyl die boodskappers op hierdie kinders trap of sit. Verdermeer, die boodskappers sny die kinders se gesigte of trap hulle koppe onder hulle voete vas. Hoe wrede straf is dit nie?

Jy mag wonder, "Is dit moontlik vir graadkinders om genoeg sondes te gepleeg het, om sulke wrede strawwe te ontvang?" Nietemin, hoe jonk hierdie kinders ook al mag wees, het hulle oorspronklike sonde en sondes wat hulle opsetlik gepleeg het. Die geestelike wet, wat voorskryf dat "die loon van die sonde is die dood," is algemeen, op elkeen van toepassing, ongeag sy of haar ouderdom.

5. Jeugdiges Wie vir Profeet Elisa Bespot het

2 Konings 2:23-24 skets 'n toneel waarin Profeet Elisa vanaf Jerigo na Bet-El gegaan het. Soos wat die profeet langs die pad geloop het, het 'n klomp jeugdiges van die stad gekom en hom bespot, deur vir hom te sê, "Hoër op, kaalkop! Hoër op, kaalkop!" Nadat hy dit nie langer kon verduur nie, het Elisa aan die einde die kinders vervloek. Twee wyfie bere het uit die bosse gekom, en twee en veertig van hierdie kinders verskeur. Wat dink jy het met hierdie twee en veertig kinders in die Laergraf gebeur?

Begrawe tot by hulle nekke

Twee wyfie bere verskeur twee en veertig kinders. Dan kan jy jou voorstel hoeveel kinders moes die profeet gevolg en bespot het. Elisa was 'n profeet wie baie kragtige werke van God uitgevoer het. Met ander woorde, Elisa sou hulle nie vervloek het, indien hulle hom slegs met 'n paar woorde gekoggel het nie.

Hulle het aangehou om hom te volg en te koggel, deur te sê, "Hoër op kaalkop! Hoër op kaalkop!" Verder, hulle het klippe na hom gegooi, en hom met 'n stok gesteek. Die profeet Elisa moes hulle eerstens sekerlik ernstig vermaan en berispe het, maar hy het hulle vervloek, omdat hulle te sondig was om vergewe te word.

Hierdie voorval het 'n aantal duisende jare gelede plaasgevind, toe mense nog beter gewetes gehad het, en sonde nie so baie oorheers het, soos in vandag se tyd nie. Daardie kinders moes baie sondig genoeg gewees het, om 'n ou profeet soos Elisa, wie baie kragtige werke van God uitgevoer het, te koggel en te bespot.

In die Laergraf, is hierdie kinders naby die rivier vol bloed gestraf, terwyl hulle tot by hulle nekke begrawe is. Hulle verstik van die walglike reuk afkomstig van die rivier, en word ook deur allerhande skadelike insekte gebyt. Daarby word hulle wreedaardig, deur die boodskappers van die hel gefolter.

Ouers moet hulle kinders lei

Hoe gedra kinders hulle in vandag se tyd? Party van hulle los hulle vriende eensaam en alleen, neem hulle sakgeld of geld bedoel vir hulle middagete, en brand hulle selfs met sigaretstompies – alles omdat hulle nie van hulle hou nie. Sommige kinders pleeg selfs selfmoord, omdat hulle nie langer sulke aanhoudende teisterings kan verduur nie. Ander kinders vorm georganiseerde bendes terwyl hulle nog in die laerskool is, en vermoor selfs mense, deur 'n berugte misdadiger na te boots.

Daarom, ouers moet hulle op so 'n wyse opvoed, sodat hulle dit voorkom dat kinders in die wêreldse misdaadwyses verval, en hulle eerder lei om te ontwikkel en 'n gelowige Godvresende lewe te lewe. Hoe verskriklik jammer sal jy nie wees, wanneer jy die hemel ingaan, en sien hoe jou kind in die hel gefolter word nie? Dit is so vreeslik, selfs net om daaraan te dink.

Dus, dit is jou plig om jou dierbare kinders op te voed, in die geloof en in ooreenstemming met die waarheid. Byvoorbeeld, jy moet jou kinders leer om nie gedurende 'n erediens te praat en rond te hardloop nie, maar te bid en te verheerlik met hulle hart, verstand en siel. Selfs babatjies, wie nie kan verstaan wat hulle ouers sê nie, slaap goed sonder om te huil, gedurende eredienste wanneer die moeders vir hulle bid, en in die geloof opvoed. Hierdie babas sal ook in die hemel toekennings vir hulle goeie gedrag ontvang.

Kinders tussen die ouderdom van drie tot vier jaar kan God aanbid en bid, wanneer ouers hulle leer om dit 'n reël te maak. Afhangend van die ouderdom, kan die diepte van die gebed verskil. Ouers kan hulle kinders leer om hulle gebedstyd stelselmatig te vermeerder, d.i. vanaf vyf tot tien minute, dan na dertig minute ensovoorts.

Nogtans hoe jonk hierdie kinders mag wees, wanneer ouers hulle die woord leer, ooreenkomsig hulle ouderdom en in verhouding tot die omvang daarvan, en hulle voorlig om daarvolgens te lewe, sal die kinders dikwels harder probeer om die woord van God te eerbiedig, en op 'n manier lewe om God te verheerlik. Hulle sal ook met trane in hulle oë berou oor hulle sondes hê, en dit bely, wanneer die Heilige Gees in hulle werk. Ek spoor jou aan om hulle omtrent Jesus Christus te leer, en hulle te lei om in die geloof te groei.

Hoofstuk 5

Strawwe vir Mense Wie na Puberteitsjare sterf

1. Die Eerste Strafvlak
2. Die Tweede Strafvlak
3. Die Straf van Farao
4. Die Derde Strafvlak
5. Die Straf van Pontius Pilatus
6. Die Straf van Saul die Eerste Koning van Israel
7. Die Vierde Strafvlak vir Judas Iskariot

"Jy het met jou hoogmoed, met die klank van jou harpmusiek en al in die doderyk beland. Jy lê tussen die maaiers, jy is oortrek van die wurms."
(Jesaja 14:11)

"Soos 'n wolk weggaan en verdwyn, so gaan 'n mens dood en kom nie terug nie."
(Job 7:9)

Enigeen wie die hemel ingaan, sal verskillende toekennings ontvang en glorie, ooreenkomstig sy dade in die lewe wat plaasgevind het. Omgekeerd, verskillende strawwe in die Laergraf sal aan individue opgelê word, in ooreenstemming met die soort sondige dade in die lewe gepleeg. Mense in die hel ly weens 'n geweldige hoeveelheid ewigdurende pyn, en die ernstigheid van die pyn en angs verskil van persoon tot persoon, afhangend van hulle eie dade in die lewe gepleeg. 'n Persoon, of hy in die hemel of in die hel opeindig, sal oes wat hy gesaai het.

Hoe meer sondes jy gepleeg het, hoe dieper sal jy in die hel beland, en hoe ernstiger jou sondes, hoe erger sal jou pyn in die hel wees. Afhangend oor hoeveel jou hart met God se hart ooreenstem, – met ander woorde, hoe meer iemand met die sondige natuur van Satan vereenselwig – hoe ernstiger sal die strawwe onwankelbaar vasgelê word.

Galasiërs 6:7-8 vertel vir ons, "Moenie julleself mislei nie: God laat nie met Hom spot nie. Wat 'n mens saai, dit sal hy ook oes. Wie op die akker van sy sondige natuur saai, sal va die sondige natuur dood en verderf oes. Maar wie op die akker van die Gees saai, sal van die Gees die ewige lewe oes." Op hierdie manier, sal jy sekerlik oes wat jy gesaai het.

Watter soorte strawwe sal persone wie na puberteitsjare sterf, in die Laergraf ontvang? In hierdie hoofstuk, wil ek vier vlakke van strawwe in die Laergraf bespreek, wat aan siele opgelê word, in ooreenstemming met hulle dade in hierdie lewe. Verstaan asseblief, ek kan nie grafiese besonderhede voorsien nie, omdat daar 'n ekstra gewig bygevoeg sal word tot die hoeveelheid vrees.

1. Die Eerste Strafvlak

HEL

Sommige siele word gedwing om op sand te staan, wat sewe keer warmer as die woestyn of seesand in die wêreld is. Hulle kan nie van die lyding ontsnap nie, omdat dit voel asof hulle in die middel van 'n groot woestyn gestrand is.

Het jy al ooit in die somer op brandende warm sand kaalvoet geloop? Jy kan nie die pyn verduur, wanneer jy probeer om vir tien tot vyftien minute kaalvoet, op 'n warm somersdag op die strand te loop nie. Sand in tropiese dele van die wêreld is baie warmer. Hou in gedagte dat die sand van die Laergraf, sewe keer warmer is as die warmste sand in die wêreld.

Gedurende my pelgrimstog na die Heilige Land, in plaas daarvan dat ek per bus gery het, het ek probeer om op die teerpad na die Dooie See te hardloop. Ek het saam met twee ander pelgrims, wie my vergesel het, begin om vinnig te hardloop. Aan die begin, was daar geen pyn nie, maar by die halfpad merk het ek 'n brandende ongemak, by beide voetsole ondervind. Alhoewel ons van die lyding wou ontvlug, kon ons nêrens heen gaan nie, omdat daar weerskante van die pad gruis gelê het, wat net so warm was.

Ons het opgeëindig om na die einde van die teerpad te hardloop, waar dit vir ons moontlik was om ons voete in 'n nabygeleë swembad, in die koue water te dompel en te deurweek. Gelukkig, het nie een van ons gebrand nie. Hierdie hardlopery het slegs ongeveer tien minute geduur, maar dit het nogtans 'n geweldige hoeveelheid ondraaglike pyn meegebring. Stel jou dan voor, dat jy gedwing word om ewigdurend op sand, wat sewe keer warmer is as die warmste sand op die aarde, te staan. Dit maak nie saak hoe ondraaglik warm die sand is nie, daar is sekerlik geen moontlikheid van vermindering, of einde aan die straf nie. Nogtans, dit is die ligste straf van alle strawwe, in die

Laergraf.

Daar is 'n ander siel wie op 'n verskillende manier gestraf was. Hy was gedwing om op 'n groot rots te lê, wat rooiwarm verhit was, en sy straf was om gedurig, sonder end, gebraai te word. Hierdie toneel verteenwoordig die gaarmaakproses van vleis op 'n gloeiende rooster. Net dan, word 'n ander rots wat rooiwarm verhit is, op sy liggaam laat val, sodat alles in sy liggaam vergruis word. Stel jou voor, enige kledingstuk wat jy stryk: die strykplank is die rots waarop die kledingstuk – die veroordeelde siel – gelê word, en die strykyster is die tweede rots wat die kledingstuk platdruk.

Die hitte is die een deel van die foltering, terwyl liggaamsdele wat vergruis word, 'n ander deel uitmaak. Ledemate word in stukke tussen die rotse gedruk. Die drukking is groot genoeg, om die ribbes en ingewande te verbrysel. Wanneer sy skedel verpletter word, sal die oogbolle uitpeul, en al die vloeistowwe uit die skedel borrel.

Hoe kan sy lyding beskryf word? Alhoewel hy 'n siel is, sonder 'n fisiese vorm, kan hy steeds die groot hoeveelheid pyn voel en ervaar, soos wat hy gedurende sy lewe ervaar het. Hy is in blywende angs. Tesame met skrilgeluide van ander siele wie gefolter word, hierdie siel, vasgevang in sy eie vrees en afgryse, weeklaag en roep uit, "Hoe kan ek vanaf hierdie foltering ontsnap?"

2. Die Tweede Strafvlak

Deur middel van die storie omtrent die ryk man en Lasarus in Lukas 16:19-31, kry ons 'n vlugtige blik op die Laergraf se

HEL

ellende. Deur die krag van die Heilige Gees het ek 'n treurlied van 'n man gehoor, wie in die Laergraf gefolter was. Deur na die volgende belydenis te luister, bid ek dat jy uit jou geestelike sluimering sal ontwaak.

>Ek word hier en daar rongesleep
>Maar daar is geen einde.
>Ek hardloop en hardloop maar daar is geen einde.
>Nêrens kan ek 'n plek vind om weg te kruip nie.
>My vel is afgeskil in hierdie plek,
>Gevul met walglikste reuk.
>Insekte kibbel my vlees weg.
>Ek probeer om vanaf hulle weg te hardloop,
>nogtans is ek altyd op dieselfde plek.
>Hulle is steeds besig om my liggaam weg te kibbel en te eet;
>Hulle suig my bloed.
>Ek bewe van angs en vrees.
>Wat moet ek doen?

>Asseblief, ek smeek jou,
>laat mense weet wat met my gebeur.
>Vertel hulle van my foltering
>Sodat hulle nie hier beland nie.
>I weet regtig nie wat om te doen nie.
>As gevolg van die groot vrees en angs,
>kan ek net kreun.
>Dit is nutteloos om 'n skuilplek te soek.
>Hulle krap my rug.
>Hulle byt op my arms.

Hulle skil my vel af.
Hulle vreet my spiere weg.
Hulle suig my bloed.
Wanneer dit verby is,
sal ek in die meer met vuur gegooi word.
Wat kan ek doen?
Wat staan my te doen?

Al het ek nie in Jesus as my Saligmaker geglo het nie,
dink ek dat ek 'n persoon met 'n goeie gewete was.
Totdat ek in die Laergraf gegooi was,
 het ek nooit besef hoeveel sondes ek gepleeg het nie!
Nou, kan ek dit net berou en berou
oor dinge wat ek gedoen het.
Asseblief, maak seker
daar sal nie nog mense soos ek wees nie.
Baie mense hier, terwyl hulle gelewe het,
het gedink hulle lei goeie lewens.
Nogtans, is hulle almal hier.
Baie wie bely het dat hulle glo en gedink
het dat hulle volgens God se wil lewe is ook hier,
en hulle word erger as ek gefolter.

Ek wens ek kan flou val om van die lyding te vergeet
selfs vir 'n oomblik, maar ek kan nie.
Ek kan nie rus nie al sluit ek my oë.
Wanneer ek my oë open,
is niks sigbaar of tasbaar nie.
Terwyl ek aanhou weghardloop van hier tot daar,
is ek steeds op dieselfde plek.

> Wat kan ek doen?
> Wat moet ek doen?
> Ek smeek jou, asseblief maak seker
> dat daar niemand anders in my voetspore sal volg nie!

Hierdie siel is 'n relatiewe goeie mens, in vergelyking met baie ander in die Laergraf. Hy pleit by God om ander mense in te lig, oor wat met hom besig is om te gebeur. Selfs in hierdie uiterste foltering, is hy bekommerd oor siele wie daar mag openindig. Op dieselfde wyse as wat die ryk man gepleit het, dat sy broers gewaarsku moet word dat hulle nie, "ook na die plek van foltering moes kom nie," het hierdie siel ook by God gepleit (Lukas 16).

Nietemin, hulle wie onder die derde en vierde vlakke van straf in die Laergraf sorteer, het nie eens hierdie soort goedheid in hulle nie. Dus, daag hulle vir God uit, en blameer ander meedoënloos.

3. Die Straf van Farao

Farao, die koning van Egipte, wie vir Moses teengestaan het, ontvang die tweedevlak van straf, maar die omvang van sy straf oorskry die grense van die derdevlak van straf.

Watter soort sonde het Farao in die lewe gepleeg, om hierdie soort straf te verdien? Waarom was hy na die Laergraf gestuur?

Toe die Israeliete onderdruk was as slawe, het God vir Moses geroep om Sy mense uit Egipte te lei, en na die beloofde land Kanaan te bring. Moses het na Farao gegaan, met die versoek dat hy die Israeliete moet toelaat, om Egipte te verlaat. Nietemin, omdat hy die waarde van die gedwonge arbeid van die Israeliete besef het, het Farao geweier dat hulle kan gaan.

Deur Moses het God die Tien Plae na Farao, sy amptenare en mense gestuur. Die water van die Nylrivier het in bloed verander. Paddas, muggies en vlieë het sy land bedek. Ter byvoeging, Farao en sy mense het gely weens die uitwerking van die plae op lewende hawe soos vee en beeste, die plae van sere, hael, sprinkane en duisternis. Elke keer wanneer hulle weens 'n plaag gely het, het Farao vir Moses belowe dat die Israeliet Egipte maar kan verlaat, net om verdere plae te voorkom. Nietemin, Farao het sy beloftes herhaaldelik verbreek en verder verhard geraak, elke keer wat Moses tot God gebid het, en Hy dan die dodelike plae van die land weggeneem het. Farao het uiteindelik die Israeliete laat gaan, maar eers nadat elke eersgebore seun in Egipte, vanaf die erfgenaam tot die troon tot die eersgebore seun van die slawe, sowel as die eersgebore beeste doodgemaak was.

Nogtans, kort na die laaste plaag, het Farao weer sy plan verander. Hy en sy leërmag het begin om die Israeliete, wie by die Rooi See gekampeer het, te agtervolg. Die Israeliete was vreesbevange, en het tot God gebid vir hulp. Moses het sy staf opgelig, en dit uitgestrek oor die Rooi See gehou. Toe het 'n wonderwerk plaasgevind. Die Rooi See was deur God se krag in twee verdeel. Die Israeliete het die Rooi See op droë grond oorgesteek, terwyl die Egiptenare hulle die see ingevolg het. Toe Moses weer sy hand aan die ander kant van die Rooi See uitstrek, "Toe die water terugstroom, was die strydwaens en bemanning, die hele leërmag van Farao wat agter die Israeliete aan die see in is, tóé onder die water. Daar het nie een van hulle oorgebly nie" (Eksodus 14:28).

HEL

In die Bybel, baie goedgeaarde christelike konings glo en aanbid vir God. Nietemin, Farao het 'n harde gemoed, selfs al het hy God se krag tien keer self gesien. As gevolg hiervan, het Farao ernstige rampe beleef, soos die dood van sy erfgenaam na die troon, verwoesting van sy leërmag en sy nasie se verarming.

Deesdae hoor mense van die Almagtige God, en beleef die direkte waarneming van Sy krag. Nogtans, verhard hulle hulle eie harte op dieselfde wyse, as wat Farao gedoen het. Hulle neem nie Jesus as hulle persoonlike Saligmaker aan nie. Bowendien, hulle weier om berou oor hulle sondes te toon. Wat sal met hulle gebeur, indien hulle voortgaan om te lewe, soos wat hulle tans lewe? Uiteindelik sal hulle dieselfde vlak van strawwe in die Laergraf, as Farao ontvang.

Wat gebeur met Farao in die Laergraf?

Farao gevange gehou in afvalwater

Farao word in 'n poel afvalwater, gevul met stank, gevange gehou. Sy liggaam is in die poel vasgemaak, sodat hy nie kan beweeg nie. Hy is nie alleen nie, maar daar is ook ander siele wie vir soortgelyke sondes daar gevange gehou word.

Die feit dat hy 'n koning was, voorsien nie aan hom beter behandeling in die Laergraf nie. Inteendeel, omdat hy in 'n posisie met krag, verwaandheid, en deur ander bedien was en 'n oorvloedige leefwyse gehad het, het veroorsaak dat die boodskappers van die hel vir Farao ernstiger bespot en gefolter het.

Die poel waarin Farao geplaas was, was nie net met afvalwater gevul nie. Het jy al ooit verrotte liggame of besoedelde of rioolwater gesien? Wat omtrent hawens se skeepswerwe waar skepe herstel word? Sulke plekke is gevul met gasolien, vullis en stank. Dit blyk onmoontlik te wees vir enige lewe, om in so 'n omgewing te bestaan. Indien jy jou hande daarin sou afspoel, sou jy bekommerd gewees het dat jou vel deur al die walglike onsuiwerhede in die water, besmet kan word.

Farao het homself in hierdie inperking bevind. Ter aanvulling, hierdie poel is gevul met ontelbare kruipende insekte. Hulle vertoon soos maaiers, maar is net baie groter.

Insekte knaag aan die sagter dele van die liggaam

Hierdie insekte benader die vasgevangde siele in die poel, deur eerstens aan die sagter dele van die liggaam te begin knaag. Hulle knaag eerstens die oë, regdeur die oogkaste, dan dring die insekte die skedel binne, en begin selfs aan die brein knaag. Kan jy jou voorstel, hoe pynlik dit moet wees? Aan die einde knaag hulle aan alles, van kop tot tone. Waarmee kan ons hierdie angs vergelyk?

Hoe pynlik is dit nie wanneer daar stof in jou oë kom? Hoeveel te meer pynlik sal dit nie wees, wanneer insekte aan jou oë knaag? Dink jy dat jy die pyn sal kan verduur, wanneer hierdie insekte regoor jou liggaam aan jou knaag?

Dus, veronderstel 'n naald steek in onder jou vingernaels, of jou vingerpunte word deurboor. Hierdie insekte gaan voort en skil jou vel af, en skraap die spiere stadig weg, totdat die bene sigbaar is. Hierdie insekte stop nie by die agterkant van jou hande nie. Hulle gaan vinnig op tot by jou arms en skouer, af tot by die borskas, buik, bene en boude. Die gevange siele verdra die foltering en gepaardgaande pyn, wat hiermee saamgaan.

HEL

Insekte knaag gedurig aan inwendige organe

Die meeste dames, wanneer hulle die maaiers sien, vrees hulle dit, baie min sal dit wil aanraak. Stel jou nou voor, 'n klomp kruipende insekte baie groter as maaiers, besig om veroordeelde siele te steek. Eerstens, word hulle liggame deur insekte, deur hulle buike deurboor. Volgende, begin hulle aan hulle vlees deur die vyf ingewande en die ses ander binnegoed te knaag. Die insekte suig dan die vloeistowwe uit hulle breine. Gedurende die hele tyd, kan die veroordeelde siele hulle nie beveg nie, of rond beweeg nie, of van hierdie verskriklike insekte weghardloop nie.

Insekte gaan voort om stelselmatig aan hulle liggame te knaag, soos wat die siele moet aanskou hoe hulle liggaamsdele uitgekies word, om aan te knaag. Indien ons hierdie soort foltering vir tien minute moet beleef, sal ons kranksinnig word. Een van sulke veroordeelde siele in hierdie walglike plek is Farao, wie vir God en Sy dienskneg, Moses, uitgedaag het. Hy ly as gevolg van die angswekkende pyn, terwyl hy by sy volle bewussyn is, en duidelik beleef hoe sy liggaamsdele weggeknaag en geskraap word.

Nadat die insekte aan iemand se liggaam geknaag het, dink jy seker dit is die einde van die foltering? Nee. Na 'n klein rukkie is die weggeskraapte en weggeknaagde liggaamsdele weer herstel, en die insekte snel voort na die siel en begin weer aan verskeie liggaamsdele te knaag. Daar is geen stop of einde aan dit nie. Die pyn verminder nie, en hy raak nie daaraan gewoond nie – daarom word hy gevoelloos – vir die foltering.

Dit is hoe die geestelike wêreld werk. In die hemel, indien God se kinders vrugte van 'n boom eet, sal daar weer ander vrugte verskyn. Net so, in die Laergraf, ongeag hoeveel keer of hoeveel die insekte van jou liggaamsdele wegknaag, elke deel van jou liggaam word dadelik herstel, nadat dit verbrysel en verbrokkel het.

Selfs al lei iemand 'n eerlike en bewuste lewe

Tussen eerlike mense is daar hulle wie nie wil, of verkies om Jesus en die evangelie aan te neem nie. Uiterlik vertoon hulle goed en edel, maar volgens die waarheid is hulle nie goed en edel nie.

Galasiërs 2:16 herinner ons aan "En tog weet ons dat 'n mens nie van sonde vrygespreek word deur die wet van Moses te onderhou nie, maar alleen deur in Jesus Christus te glo. Ook ons het tot die geloof in Christus Jesus gekom, en dit is hoe ons vrygespreek is: deur in Christus te glo en nie deur die wet te onderhou nie, want geen mens word vrygespreek op grond daarvan dat hy die wet onderhou nie." 'n Regverdige mens is iemand wie gered kan word, omdat hy in Jesus Christus glo. Eers dan, kan al sy sondes vergewe word, deur die geloof in Jesus Christus. Verdermeer, indien hy in Jesus Christus glo, sal hy sekerlik ook God se woord gehoorsaam.

Ten spyte van die oorvloedige bewyse van God se skeppingwerke van die heelal, en wonderwerke en krag soos deur Sy dienknegte gedemonstreer, indien iemand steeds die Almagtige God ontken, is hy niks anders as 'n gewetelose en sondige mens nie.

Uit sy eie perspektief, mag hy dalk 'n eerlike lewe gelei het. Nogtans, indien hy aanhou om Jesus as sy persoonlike Saligmaker te misgun, het hy nêrens om heen te gaan nie, behalwe hel toe. Nogtans, omdat sulke individue betreklike goeie en eerlike lewens gelei het, anders as die sondige wie soveel sondes gepleeg het as wat hy wou, deur hulle sondige begeertes te volg, sal hulle of die eerste of die tweede vlak van strawwe in die Laergraf ontvang.

Tussen hulle wie sterf, sonder dat hulle die geleentheid gehad het om die evangelie aan te neem, indien hulle misluk om die oordeel van die gewete te slaag, sal die meeste van hulle die eerste of tweede strafvlak ontvang. Terwyl 'n siel wie die derde of vierde strafvlak in die Laergraf ontvang, kan jy van seker wees, moes sondiger en slegter as baie ander gewees het.

4. Die Derde Strafvlak

Die derde en vierde strafvlakke word gereserveer vir hulle wie teen God gedraai het, wie hulle gewetes verkrag het, wie laster en godslastering teen die Heilige Gees pleeg, en inmeng met die vestiging en uitbreiding van God se koninkryk. Bowendien, enigiemand wie God se kerke as "dwaalleer" oordeel, sonder enige grondige bewyse, sal ook die derde of vierde strafvlak ontvang.

Voordat ons in die derde strafvlak van die Laergraf begin delf, laat ons eers breedvoerig die verskillende vorme van foterings ondersoek, wat die mens uitgedink het.

Wrede mensgemaakte folterings

Gedurende die tyd toe menseregte meer 'n fantasie as 'n daaglikse aangeleentheid was, is ontelbare soorte persoonlike strawwe, insluitend verskeie vorme van foltering en uitvoerings, uitgedink en afgehandel.

Byvoorbeeld, gedurende die Middeleeue in Europa, het bewaarders 'n gevangene na die kelder van 'n gebou geneem, sodat hulle by hom 'n erkentenis kon verkry. Langs die roete sien die gevangene die bloedvlekke op die vloer, en in die vertrek sien hy verskillende soorte instrumente wat voorberei is, vir die gebruik om te folter. Hy hoor ondraaglike gille wat deur die gebou weergalm, en dit oorweldig hom.

Een van die eenvoudigste metodes van foltering, was om die gevangene (of enigiemand wie gefolter moes word) se vingers en tone in klein metaalklampe te sit. Die metaalklampe was dan stywer gedraai, totdat sy vingers en tone verpletter was. Dan, was sy vinger of toonnaels een vir een uitgetrek, soos wat die metaalklampe stelselmatig stywer gedraai word.

Indien die gevangene na dit nog geen erkentenis maak nie, was hy in die lug gehang, met sy arms agtertoe gebuig, terwyl sy liggaam in alle rigtings gedraai was. Gedurende hierdie foltering, was ekstra pyn voortgebring, deur sy liggaam op te lig en dan teen verskillende spoed grondwaarts te laat val. Die slegste was, wanneer 'n swaar stuk yster aan die gevangene se enkel vasgemaak was, terwyl hy steeds in die lug gehang het. Die gewig van die yster was voldoende om al die spiere en bene in sy liggaam, te skeur en te vermorsel. Indien die gevangene steeds nie 'n erkentenis wou maak nie, was meer afskuwelike en martelende metodes van foltering toegepas.

Die gevangene sou dan in 'n spesiale ontwerpte stoel vir foltering, geplaas word. Op die stoel, die rugkant en die bene van die stoel, was baie dun frikboortjies ingebou. Wanneer die gevangene die angswekkende voorwerp sien, probeer hy vir sy lewe weghardloop, maar bewaarders wie baie groter en sterker as hy is, dwing hom in die stoel terug. Vir 'n oomblik, voel die gevangene die frikboortjies wat sy liggaam deurboor.

'n Ander soort van foltering, was om die verdagte of gevangene onderstebo op te hang. Na verloop van 'n uur verdwyn sy bloeddruk vanaf die monitorskerm, die boedvate in die brein bars oop, en die bloed stroom uit sy brein deur sy oë, neus en ore. Hy kan dan nie langer sien, ruik of hoor nie.

Somtyds was vuur gebruik, om 'n gevangene te dwing om 'n erkentenis te maak. Die beampte sou 'n verdagte met 'n brandende kers nader. Hy sou die kers na die verdagte se armholtes of voetsole bring. Armholtes word gebrand omdat dit die liggaam se fyngevoeligste dele is, terwyl voetsole gebrand word, omdat die pyn daar langer duur.

By ander geleenthede was 'n verdagte gedwing om verhitte ysterstewels te dra, terwyl hy kaalvoet was. Dan het die folteraar die gevoelige vlees uitgeruk. Of, die folteraar sou die gevangene se tong afsny, of sy verhemelte met warm ystertange brand. Indien 'n gevangene die doodstraf opgelê was, was hy in 'n wielvormige raamwerk gegooi, wat ontwerp was om sy liggaam in stukke te verbrysel. Die vinnige draaiery ruk die liggaam in stukke, terwyl die gevangene nog lewe en by sy bewussyn is. By geleentheid was hulle terreggestel, deur gesmelte lood in hulle neus en oorgate te gooi.

Wetende dat hulle nie in staat sal wees om die angs van die foltering sal kan verduur nie, sal baie gevangenes die folteraars en bewaarders omkoop, vir 'n vinnige en pynlose dood.

Hierdie is sommige van die foltermetodes, soos deur die mens ontwerp. Die blote gedagte daaraan, is genoeg om ons 'n geestelike vrees te laat kry. Dan, kan jy reeds vermoed dat die folterings, soos deur die boodskappers van die hel, wie onder die streng leierskap van Satan sorteer, kan net baie meer angswekkend wees, as enige ander vorm van foltering wat deur die mens ontwerp was. Hierdie boodskappers van die hel het 'n gebrek aan medelye, en is slegs verheug om siele in die Laergraf te hoor, skree en huil. Hulle probeer altyd om wreder en meer pynlike metodes uit te werk, om dit op die siele toe te pas, gedurende die folterings.

Kan jy dit bekostig om hel toe te gaan? Kan jy dit bekostig om jou geliefdes, familie en vriende in die hel te sien? Alle Christene moet dit hulle plig ag, om die evangelie te versprei en te verkondig, en alles in hulle vermoë doen om een ekstra siel van die hel te red.

Wat, is dan presies die derde strafvlak?

i) 'n Afgryslike varkvormige boodskapper van die hel

'n Siel in die Laergraf word aan 'n boom vasgemaak, en sy vlees word stelselmatig in stukkies opgesny. Moontlik kan jy dit vergelyk met vis wat gesny word, met die oog daarop om sashimi voor te berei. 'n Boodskapper van die hel is lelik met sy skrikwekkende voorkoms, en hy verskaf al die nodige gereedskap vir die foltering. Hierdie ontwerpe sluit 'n wye reeks gereedskap, van 'n klein jagmes tot 'n byl in. Die boodskapper van die hel gebruik, gewoonlik 'n klipsteen om die gereedskap op te slyp. Die gereedskap hoef nie skerp gemaak te word nie, want die punte van alle gereedskap in die Laergraf, bly altyd so skerp as moontlik. Die ware rede om dit te slyp, is om die siel wat gefolter gaan word, nog meer paniekerig te maak.

HEL

Afsny van die vlees deur met die vingerpunte te begin

Wanneer die siel die geluide van die gereedskap hoor, en die boodskapper van die hel hom met 'n grillerige gesigsuitdrukking nader, hoe verskrik en ontsteld moes hy wees!

> 'Daardie mes gaan my vlees wegsny...
> Daardie byl gaan spoedig my ledemate afkap...
> Wat moet ek doen?
> Hoe gaan ek die pyn verduur?'

Die gruweldaad alleen laat hom feitlik versmoor. Die siel hou aan om homself daaraan te herinner, dat hy styf teen 'n boomstomp vasgemaak is en nie kan beweeg nie, en dit voel asof die tou sy liggaam deurskuur. Hoe harder hy probeer om van die boom te ontvlug, hoe stywer trek die tou om sy liggaam. Die boodskapper van die hel nader hom, en begin om sy vlees af te sny, deur by die vingerpunt te begin. 'n Stuk vlees met gestolde bloed val op die grond. Na 'n wyle word sy vingernaels uitgeruk, die vingers sal daarna ook afgesny word. Die boodskapper sny sy vlees van die vingers tot by sy gewrig, en daarna tot by die skouer af. Dit is net die bene wat aan die arm agterbly. Dan beweeg die boodskapper afwaarts, na die siel se kuite en die dybene se binnekant.

Totdat die inwendige organe sigbaar is

Die boodskapper van die hel begin om sy buik uit te sny. Wanneer die vyf ingewandsdele en harslag sigbaar word, ruk hy dit uit en gooi dit weg. Hy skeur ook ander organe met sy skerp gereedskap uitmekaar.

Tot op hierdie stadium was die siel nog by sy positiewe, en het die hele proses aanskou: sy vlees word afgesny en sy ingewande en derms uitgeruk. Stel jou voor dat iemand jou vasgebind het, sny 'n deel van jou liggaam af, deur by die agterkant van jou hande te begin, deeltjie vir deeltjie, elke stukkie omtrent die grootte van jou vingernael. Wanneer die mes jou aanraak, begin die bloed vloei en die lyding begin dadelik, en geen woorde kan jou vrees beskryf nie. Wanneer jy hierdie derde strafvlak in die Laergraf ontvang, is dit nie net 'n stuk van jou liggaam nie; dit is die totale vel van jou liggaam, van kop tot tone, en al jou ingewande word een vir een uitgeruk.

Weereens, skets vir jou sashimi, 'n Japanese rou visgereg. Die kok het net die bene en vel geskei. Daarna sny hy sy vlees so dun as moontlik. Die dis word in die vorm van 'n lewendige vis voorberei. Die vis vertoon asof dit nog lewendig is, en jy kan die kief sien beweeg. Die kok in die restourant het geen deernis met die vis nie, anders kan hy nie sy werk doen nie.

Doen altyd vir jou ouers, jou eggenote, jou familielede en vriende voorbidding. Indien hulle nie gered word nie, en in die hel beland, sal hulle ly weens die foltering, wanneer hulle velle afgesny word, en hulle bene deur die genadelose boodskappers van die hel geskraap word. Dit is ons plig as Christene om die goeie nuus te versprei, omdat op die Oordeelsdag, sal God elkeen van ons sekerlik aanspreeklik hou, vir elkeen wie ons nie hemel toe kon gebring het nie.

Deursteek van die siel se oog

HEL

Die boodskapper van die hel tel 'n brikboor, in plaas van 'n mes, hierdie keer op. Die siel weet reeds wat hierdie keer met hom gaan gebeur, omdat dit nie die eerste keer is wat hy dit gaan verduur nie; hy was alreeds by honderde of duisende geleenthede op hierdie wyse gefolter, sedert die dag wat hy na die Laergraf gebring was. Die boodskapper van die hel nader die siel en steek sy oog met 'n frikboor, waarna hy dit vir 'n rukkie in die oogkas laat. Hoe verskrik moet die siel nie wees, wanneer hy die frikboor sien, nader en nader kom nie? Die angstigheid om 'n frikboor te voel, wat jou oog deurboor, kan nie in woorde beskryf word nie.

Is dit die einde van die foltering? Nee. Die siel se gesig bly oor. Die boodskapper van die hel sny nou die wange, die neus die voorkop en die res van die gesig uit. Hy vergeet nie om die vel van die siel se ore, lippe en nek uit te sny nie. Die nek soos wat dit stelselmatig dunner en dunner word, breek dit uiteindelik vanaf die boonste gedeelte van die liggaam. Dit voltooi een sessie van foltering, maar hierdie einde dui net op die begin, van die volgende rondte van foltering.

Jy kan nie eers skree of huil nie

In 'n kort tydjie word die liggaamsdele wat afgesny was, weer herstel, asof niks regtig ooit met hulle gebeur het nie. Terwyl die liggaam homself herstel, is daar 'n kort oomblik waartydens die pyn en angs, ophou om te bestaan. Nogtans, hierdie onderbreking herinner die siel aan meer folterings wat op hom wag, en spoedig begin hy te bewe, weens onbeheerbare vrees. Terwyl hy vir die foltering wag, is die slypgeluide weer hoorbaar. Van tyd tot tyd, sal die verfoeilike varkvormige boodskapper van die hel, hom met 'n afskuwelike uitdrukking aangluur.

Die boodskapper is reg vir 'n volgende rondte van foltering. Angswekkende folterings begin van vooraf. Dink jy dat jy dit ooit sal kan verdra? Geen liggaamsdele sal ooit gevoelloos wees, vir folteringtoerusting of die aanhoudende pyn nie. Hoe meer jy gefolter word, hoe meer sal jy ly.

'n Verdagte in aanhouding of 'n gevangene wat wag om gefolter te word, weet dat dit wat op hom wag, slegs 'n kort rukkie sal duur, maar nogtans sal hy sidder en bewe weens die oorweldigende vrees. Veronderstel dan 'n lelike varkvormige boodskapper van die hel, nader jou met verskillende gereedskap in sy hande, en skuur hulle teen mekaar. Die foltering sal, sonder einde herhaal word: wegsny van die vlees, uitruk van die inwendige organe, deurboring in die oë asook baie ander sal volg.

Daarom, 'n siel in die Laergraf kan nie skree of vir die boodskapper van die hel smeek vir sy lewe, genade, minder wreedheid of enigiets anders nie. Die gegil van ander siele, smeekgeluide om genade, en die gekletter van die folteringinstrumente omring die siel. Wanneer die siel 'n boodskapper van die hel sien, word hy so bleek soos as, sonder om te mompel. Verder, weet hy dat hy homself nie van die lyding kan bevry nie, omdat hy na die Oordeel van die Groot Wit Troon, aan die einde van die tyd, in die vuurpoel gegooi sal word (Openbaring 20:11). Die wrede werklikheid dra net by, tot die pyn wat reeds bestaan.

ii) Die straf om die liggaam soos 'n ballon af te blaas

Enigiemand met 'n bietjie verstand is verplig om skuldig te voel, indien hy/sy iemand anders se gevoelens seermaak. Of, maak nie saak hoeveel 'n individu 'n ander persoon in die verlede

HEL

gehaat het nie, indien daardie persoon se lewe ellendig vandag is, sal jy 'n mate van jammerte vir hom hê, terwyl die haat afneem, al is dit net vir 'n kort rukkie.

Eweneens, indien jou gewete met 'n warm yster geskroei was, sal die persoon totaal onverskillig wees teenoor ander se angstigheid, en in 'n poging om sy eie doelwitte te bereik, mag hy bereid wees om selfs die mees verfoeilike gruweldade te pleeg.

Mense soos kaf en vullis behandel

Gedurende Wêreldoorlog II in Duitsland onder die Nazi diktatorskap was die ontelbare oorlewende mense van Japan, Italië, en ander lande gebruik as voorwerpe in afskuwelike en ongeoorloofde eksperimente; hierdie mense, in wese, het rotte, konyne en ander alledaagse diere vervang.

Byvoorbeeld, om uit te vind hoe 'n gesonde individu sal reageer, en hoe lank hy sal bestand bly teen verskeie kwaadwillige middels, en watter soort simptome vergesel verskeie siektes, was kankerselle en ander virusse oorgeplant. Om die mees akkurate inligting te bekom, het hulle soms 'n lewendige persoon se buik of skedel oopgesny. Om te bepaal hoe 'n gemiddelde persoon reageer op buitengewone koue of hitte, het hulle die temperatuur van 'n kamer drasties verlaag, of die temperatuur van 'n waterhouer drasties verhoog, waarin die onderdane gevange gehou was.

Nadat al hierdie "onderdane" hulle doel gedien het, was hierdie mense gewoonlik alleen gelaat, om in angs te sterf. Hulle het min gedink aan die kosbaarheid of angstigheid van hierdie onderdane.

Hoe wreed en afskuwelik moes dit vir baie gevangenes van die oorlog of ander kragtelose individue gewees het, om hierdie berugte onderdane te wees, wat moes toekyk dat hulle liggaamsdele in stukkies opgesny word, teen hulle sin met verskeie dodelike selle en middels ingespuit te word, en letterlik hulleself dop te hou terwyl hulle sterf?

Nogtans, siele in die Laergraf staar selfs wreder metodes van foltering in die gesig, dan enige eksperimente op lewende liggame wat die mens nog ooit uitgedink het. Soos wat die man en die vrou na God se ewebeeld geskep is, maar ook as individue wie hulle deftigheid en menswaardigheid verloor het, word hierdie siele in die Laergraf as weggooibare kaf en vullis behandel.

Op dieselfde wyse wat ons nie medelye met kaf het nie, het die boodskappers van die hel ook nie medelye of deernis met hierdie siele nie. Die boodskappers van die hel voel nie skuldig of jammer teenoor hulle nie, en geen straf is altyd genoeg nie.

Die bene verbrysel en die vel bars

Daarom, die boodskappers van die hel sien hierdie siele grotendeels as speelgoed. Hulle sal die liggame van die siele opblaas en onder mekaar rondskop.

Dit is moeilik om die skouspel vir jou voor te stel: Hoe kan 'n lang plat liggaam van 'n mens, soos 'n bal opgeblaas word? Wat sal met die ingewande gebeur?

Soos wat die ingewandsorgane en die longe opgeblaas word, sal die ribbes en ruggraat, wat hierdie organe beskerm, een vir een, deel vir deel, verbrysel word. Boonop dit is die konstante, folterende pyn van die verrekte vel.

Die boodskappers van die hel speel met hierdie opgeblaasde

liggame van die ongeredde siele in die Laergraf, en wanneer hulle moeg en verveeld raak daarvoor, bars hulle die buike van die siele met skerp spiese. Op dieselfde wyse wat 'n opgeblaasde ballon se rubber stukkies verflenter wanneer dit bars, net so spat die bloed en velgedeeltes in alle rigtings.

Nogtans, binne 'n kort tyd, word hierdie siele se liggame volkome herstel en teruggeplaas by die oorspronklike plek van straf. Hoe wreed is dit nie? Terwyl hulle op die aarde gelewe het, was ander lief vir hierdie siele, en het hulle 'n sekere soort sosiale status geniet, of tenminste kon hulle op fundamentele menseregte aanspraak maak.

Maar toe hulle in die Laergraf was, het hulle nogtans geen regte gehad nie, en was hulle grotendedeels soos gruis op die grond hanteer; hulle bestaan het geen waarde gehad nie.

Prediker 12:13-14 herinner ons soos volg:

Die slotsom van alles wat jy gehoor het, is dit: Dien God en gehoorsaam sy gebooie. Dit is wat van die mens gevra word. God sal rekenskap eis oor alles wat gedoen word, ook oor wat in die geheim gedoen word, of dit goed is of kwaad.

As sulks, in ooreenstemming met Sy oordeel, is hierdie siele afgegradeer tot grotendeels, speelgoed waarmee die boodskappers van die hel kan speel.

Daarom, ons moet versigtig wees om nie die pligte van 'n mens uit te voer nie, wat daarop neerkom om nie God te vrees en Sy gebooie te onderhou nie, dan sal ons nie langer gereken word as kosbare siele wie God se ewebeeld navolg nie, maar in plaas daarvan, aan die wreedste strawwe in die Laergraf onderwerp word.

5. Straf van Pontius Pilatus

Tydens Jesus se dood, was Pontius Pilatus 'n Romeinse goewerneur in die streek van Judea, vandag as Palestina bekend. Vanaf die dag wat hy sy voete in die Laergraf gesit het, het hy die derde strafvlak ontvang, wat pak slae behels. Vir watter spesifieke redes word Pontius Pilatus gefolter?

Ongeag wetende van Jesus se geregtigheid

Omdat Pilatus die goewerneur van Judea was, was sy toestemming nodig om Jesus te kruisig. As 'n Romeinse onderkoning was Pilatus in beheer van toesighouding oor die hele Judea streek, en hy het baie spioene by verskeie strategiese plekke regdeur die streek gehad, wat vir hom gewerk het. Dus, Pilatus was goed ingelig oor die ontelbare woderwerke wat Jesus uitgevoer het, Sy boodskap van liefde, Sy genesing van die siekes, Sy prediking oor God, en die voorliefde wanneer Jesus die evangelie regdeur die streek verkondig, wat beide Hy en Pilatus bygewoon het. Ter aanvulling, uit die verslae wat sy spioene ingedien het, het Pilatus tot die gevolgtrekking gekom dat Jesus 'n goeie en onskuldige mens was.

Verder, omdat Pilatus bewus daarvan was dat die Jode desperaat was om Jesus weens jaloesie dood te maak, het hy alle pogings aangewend om Hom te bevry. Nietemin, omdat Pilatus daarvan oortuig was dat indien hy nie ag slaan op die Jode se versoek nie, dit tot 'n grootskaalse maatskaplike onrus

HEL

in die provinsie kon lei. Daarom het hy tenslotte vir Jesus aan die Jode oorhandig, soos deur hulle versoek, om gekruisig te word. Indien onrus sou uitbreek binne sy jurisdiksie, groot verantwoordelikheid sou sekerlik Pilatus se eie lewe bedreig het.

Aan die einde het Pilatus op 'n lafhartige wyse sy bestemming na die dood bepaal. Op dieselfde wyse as wat die Romeinse soldate vir Jesus pak slae gegee het, op Pilatus se bevel, voordat Hy gekruisig is, is Pilatus ook veroordeel tot dieselfde straf: eindelose pak slae deur die boodskappers van die hel.

Pilatus geslaan elke keer wat sy naam genoem word

Dit is hoe Jesus geslaan was. Die sweep het bestaan uit stukkies yster en beentjies, aan die punt van 'n lang leerband. Met elke hou het die sweep reg rondom Jesus se liggaam gedraai, en die been en metaalstukkies aan die punt, het Sy vlees deurboor. Na 'n ruk, was die vlees afgestroop vanaf die wonde, waar die sweep getref het, en groot en diep snye agtergelaat het.

Eweneens, wanneer mense sy naam in hierdie wêreld noem, dan word Pilatus in die Laergraf geslaan. Gedurende elke erediens sê baie Christene die Apostoliese Goloofsbelydenis op. Wanneer die gedeelte "gely het onder Pontius Pilatus" opgesê word, word hy geslaan. Wanneer honderde en duisende mense tesame op dieselfde tydstip sy naam voordra, neem die tempo en intensiteit van die sweepslae dramaties toe. Somtyds, vergader die boodskappers van die hel rondom Pilatus, om mekaar te help met die slanery.

Alhoewel Pilatus se liggaam in stukke geskeur, en met bloed bedek is, slaan die boodskappers van die hel hom asof dit wil voorkom of hulle in kompetisie met mekaar is, oor die slanery. Die geslanery skeur Pilatus se vlees oop, sodat die bene sigbaar word, en sy rugmurg oopgeklowe word.

Sy tong is permanent verwyder

Terwyl hy gefolter word, roep Pilatus aanhoudend uit, "Moet asseblief nie my naam noem nie! Elke keer dat dit genoem word, ly en ly ek." Nietemin, geen geluid word uit sy mond gehoor nie. Sy tong is afgesny, omdat dit dieselfde tong is waarmee hy vir Jesus gevonnis het, om gekruisig te word. Wanneer jy pyn verduur, help dit 'n bietjie om te skree en te gil. Vir Pilatus is daardie opsie geensins beskikbaar nie.

Daar is iets anders omtrent Pilatus. Ander veroordeelde siele in die Laergraf se liggaamsdele herstel hulleself nadat dit geskraap, afgesny of verbrand was. Nogtans, Pilatus se tong was permanent verwyder, as 'n simbool van 'n vloek. Alhoewel Pilatus smeek en soebat dat sy naam nie genoem moet word nie, sal dit tot die Oordeelsdag gereeld gesê word. Hoe meer sy naam genoem word, hoe groter word sy lyding.

Pilatus het opsetlik 'n sonde gepleeg

Nadat Pilatus Jesus oorhandig het om gekruisig te word, het hy water geneem en sy hande voor die skare gewas en vir die mense gesê, "Ek is onskuldig aan die bloed van hierdie man. Dit is julle verantwoordelikheid" (Matteus 27:24). In antwoord hierop was die Jode nog meer desperaat as ooit om Jesus dood te maak en vir Pilatus geantwoord, "Ons aanvaar die verantwoordelikheid vir sy bloed, ons en ons kinders!" (Matteus

HEL

27:25).

Wat het met die Jode gebeur, nadat Jesus gekruisig was? Dit was 'n menseslagting toe die stad van Jerusalem ingeneem, en deur die Romeinse Generaal Titus in 70 N.C. verwoes was. Daarna, was hulle regoor die wêreld versprei, en in ander lande onderdruk. Gedurende Wêreldoorlog II, was hulle gedwing om na verskeie konsentrasiekampe in Europa verskuif te word, waar meer as ses miljoen Jode in gaskamers versmoor het, of 'n wrede massamoord beleef het. Gedurende die eerste vyf dekades van die moderne staatsmag, na die 1948 onafhanklikheid, het die Israeliese staat voortdurend dreigemente, haat en gewapende teenstand van hulle bure, in die Midde Ooste ervaar.

Selfs al het die Jode vergelding ontvang vir hulle aanbod "Ons aanvaar die verantwoordelikheid vir sy bloed, ons en ons kinders!" beteken dit nie dat Pilatus se straf enigsins verminder was nie. Pilatus het opsetlik 'n sonde gepleeg. Hy het baie geleenthede gehad om nie die sonde te pleeg nie, maar hy het dit nogtans gedoen. Selfs sy vrou het, nadat sy in 'n droom gewaarsku was, by Pilatus aangedring dat hy nie vir Jesus moet laat doodmaak nie. Verontagsaming sy eie gewete en sy vrou se advies, het Pilatus tog vir Jesus veroordeel, om gekruisig te word. As gevolg daarvan was hy gedwing om die derde strafvlak in die Laergraf te ontvang.

Selfs vandag pleeg mense misdaad, al weet hulle dat dit gruweldade is. Hulle ontbloot geheime van sekere mense, aan ander tot hulle eie voordeel. In die Laergraf word die derde strafvlak opgelê aan hulle wie teen ander saamsweer, aflê van valse getuies, laster, vorm van groepe of bendes om te moor en te folter, lafhartige optrede, verraai ander in tye van gevaar en pyn en iets soortgelyks.

God sal elke daad in berekening bring

Net soos wat Pilatus die bloed van Jesus na die Jode verplaas het, deur sy eie hande te was, plaas sommige mense die blaam vir 'n spesifieke toestand op ander mense. Nogtans, die verantwoordelikheid vir mense se sondes, rus op hulleself. Elke individu het 'n vrye wil, en hy het nie alleenlik die reg om besluite te maak nie, maar hy sal ook self moet rekenskap gee, vir sy besluite. Vrye wil laat ons toe om 'n keuse te maak, tussen of ons in Jesus glo as ons Saligmaker of nie, of ons die Here se Dag heilig hou, al dan nie en of ons, ons volle tiende aan God opdra of nie, ensovoorts. Nietemin, die gevolg van ons keuse word ontvou, deur die ewige vreugde in die hemel of die ewige straf in die hel.

Bowendien, die gevolg van enige besluit, is vir jouself om te dra, dus kan jy nie iemand anders daarvoor blameer nie. Dit is waarom jy nie dinge kan sê soos, "Ek het God verlaat, as gevolg van my ouers' se vervolging" of "Ek kon nie God se Dag heilig nie of ek kon nie my volle tiende gee nie, as gevolg van my gade nie." Indien jy geloof gehad het, sal jy sekerlik vir God gevrees het, en al Sy gebooie onderhou het.

Pilatus, wie se tong afgesny was, omdat hy lafhartige woorde gespreek het, was berouvol en spyt, terwyl hy voortdurend in die Laergraf geslaan word. Nietemin, na die dood was daar vir Pilatus geen tweede kans nie.

Nietemin, hulle wie nog lewe het steeds 'n kans. Jy moet nooit huiwer om God te vrees, en Sy gebooie te onderhou nie. Jesaja 55:6-7 sê vir ons, "Vra na die wil van die Here terwyl Hy nog te vinde is, roep Hom aan terwyl Hy nog naby is. Die goddelose moet sy verkeerde pad laat staan, die slegte mens sy slegte planne.

Hy moet hom tot die Here bekeer, dan sal Hy hom genadig wees; hy moet hom tot ons God bekeer, Hy vergewe altyd weer." Omdat God liefde is, laat Hy toe dat ons weet wat in die hel aangaan, terwyl ons steeds lewe. Hy doen dit sodat baie mense uit hulle geestelike sluimering kan ontwaak, en bemagtig en moedig ons aan, om die goeie nuus te versprei sodat meer mense in Sy genade en deernis kan lewe.

6. Straf van Saul die Eerste Koning van Israel

Jeremia 29:11 vertel vir ons, "Ek weet wat Ek vir julle beplan, sê die Here: voorspoed en nie teenspoed nie; Ek wil vir julle 'n toekoms gee, 'n verwagting!" Hierdie boodskap was aan die Jode gegee, toe hulle na Babel verban was. Die vers voorspel God se vergifnis en genade wat aan Sy mense geskenk sal word, wanneer hulle in ballingskap is, omdat hulle teen hulle God gesondig het.

Om dieselfde rede verklaar God die boodskappe oor die hel. Hy het dit nie gedoen om die ongelowiges en sondaars te vervloek nie, maar om hulle van die swaar skuldlas te verlos, wat hulle as slawe na die vyandige Satan en duiwel moes dra, en te voorkom dat mense volgens Sy ewebeeld geskep word, en om in daardie ellendige plek te beland.

Dus, in plaas daarvan om die ellendige toestande in die hel te vrees, moet ons net God se onmeetbare liefde verstaan, en indien jy 'n ongelowige is, neem Jesus Christus as jou persoonlike Saligmaker, vanaf hierdie oomblik aan. Indien jy nie volgens God se woord gelewe het nie, erken jou geloof in Hom, verander jou lewe en doen soos wat Hy jou sê om te doen.

Saul bly ongehoorsaam teenoor God

Toe Saul die troon bestyg het, was hyself grootliks baie nederig. Nietemin, hy het spoedig te verwaand geraak om God se woord te gehoorsaam. Hy het in die slegte maniere van onverskilligheid verval, en aan die einde het God Sy gesig van Saul weggedraai. Wanneer jy teen God sondig, moed jy jou gedagtegang wysig, en sonder huiwering berou hê daaroor. Jy moet nie probeer om verskonings te soek of jou sonde te verbloem nie. Slegs dan, sal God jou gebed van berou verhoor, en die weg van vergifnis open.

Toe Saul verneem het dat God vir Dawid gesalf het om hom op te volg, het die koning gedink om wraak te neem op sy opvolger deur hom dood te maak. Saul het selfs die priesters van God, wie vir Dawid gehelp het, doodgemaak (1 Samuel 22:18). Sulke dade is dieselfde as om vir God van aangesig tot aangesig, te konfronteer.

Op hierdie wyse het Koning Saul ongehoorsaam gebly, en sy wandade het net opgehoop, maar God het nie dadelik vir Saul vernietig nie. Selfs al was Saul vir 'n lang tydperk agter Dawid aan, en vasbeslote om hom te vermoor, het God voortgegaan en Saul laat lewe.

Dit het twee doele gedien. Een, God het 'n voorneme gehad om van Dawid 'n groot uitverkorene en koning te maak. Twee, God het vir Saul genoeg tyd en geleenthede gegee, om berou te toon oor sy wandade.

Indien God ons doodgemaak het wanneer ons genoeg gesondig het om te sterf, sou geeneen van ons oorleef het nie. God sal vergewe, wag en wag, maar indien jy nie na Hom terugkeer nie, sal God in 'n ander rigting kyk. Nogtans, Saul wou nie God se hart verstaan nie, en het die begeerte van die vlees nagestrewe. Aan die einde was Saul ernstig gewond deur boogskutters, en het hy homself met sy eie swaard doodgemaak (1 Samuel 31:3-4).

Saul se liggaam hang in die lug

Wat is die straf vir die verwaande Saul? 'n Skerp swaard deurboor sy buik terwyl hy in die lug hang. Die lem van die swaard is vol voorwerpe wat bestaan uit, skerp frikbore op die kante van die swaard.

Dit is geweldig pynlik om so in die lug te moet hang. Dit is selfs meer folterend om in die lug te hang, terwyl 'n swaard jou buik deurboor, en jou liggaamsgewig tot die pyn bydra. Die spies versnipper die deurboorde buik met die skerp lemme en frikbore. Soos wat die vel oopskeur, word die spiere, bene en ingewande sigbaar.

Wanneer, die boodskapper van die hel vir Saul met tye nader, en die spies 'n draai gee, dan skeur al die skerp lemme en frikbore van die spies die liggaam verder. Hierdie draaiery van die spies het veroorsaak dat Saul se longe, hart, buik en ingewande bars.

'n Kort rukkie nadat Saul hierdie verskriklike foltering moes verduur, waartydens sy ingewande in repe geskeur was, was al sy ingewande weer volkome herstel. Nadat hulle volkome herstel is, nader die boodskapper van die hel weer vir Saul, en herhaal die foltering. Soos wat Saul gely het, het hy gedink aan al die tye en geleenthede vir berou, wat hy in sy lewe verontagsaam het.

Waarom het ek die wil van God verontagsaam?

Waarom het ek teen Hom geveg?
Ek moes aandag gegee het aan
Profeet Samuel se berisping!
Ek moes berou gehad het
toe my seun Jonathan met trane by my gepleit het!
Indien ek net nie so sondig teenoor Dawid was nie,
was my straf dalk ligter gewees...

Dit was nutteloos vir Saul om spyt te wees en berou te toon, nadat hy in die hel beland het. Dit is ondraaglik om in die lug te hang, met 'n spies wat jou buik deurboor, maar wanneer die boodskapper van die hel vir Saul nader, vir nog 'n rondte van foltering, word Saul oorweldig deur die vrees. Die pyn wat hy oomblikke vantevore nog verduur het, is steeds wesenlik en helder in sy geheue, en hy versmoor byna aan die gedagte van wat gaan kom.

Saul kon smeek, "Asseblief laat my alleen!" of "Assebief stop die foltering!" maar dit is nutteloos. Hoe meer paniekerig Saul geword het, hoe meer verheug het die boodskapper van die hel geword. Hy sal die spies draai en draai, en die angstigheid van sy liggaam wat in stukke geskeur word, word herhaaldelik vir Saul gedoen.

Verwaandheid is die speerpunt van vernietiging

Die volgende is 'n alledaagse geval vandag in enige kerk. 'n Nuwe gelowige sal eerstens die Heilige Gees ontvang, en dan daarmee gevul word. Hy sal gretig wees om God en Sy diensknegte vir 'n kort rukkie te dien. Nietemin, daardie gelowige sal begin om teenoor God se wil, Sy kerk en Sy diensknegte ongehoorsaam te wees. Deur die sameloop van dit, sal hy begin om, met die woord van God wat hy gehoor het, ander te oordeel en te veroordeel. Hy sal ook inderwaarheid, maklik verwaand raak.

Die eerste liefde wat hy met die Here gedeel het, het geleidelik met die verloop van tyd verminder, en sy verwagting – om in die hemel te kom – is vervang met die wêreld se dinge – dinge wat hy eens op 'n tyd opgegee het. Selfs in die kerk wil hy nou deur ander bedien wees, word gulsig oor geld en mag, en teenoor die vleeslike dinge, meer toegeefliker.

Toe hy arm was, het hy moontlik gebid, "God, gee vir my die seëning van materiële geluk!" Wat het gebeur, nadat hy die seëning ontvang het? In plaas daarvan om die seëning te gebruik om die armes, die sendelinge, God se werke te help, vermors hy God se seëning, om die wêreld se plesier na te jaag.

As gevolg van dit, treur die Heilige Gees binne in die gelowige; Sy gees staar baie beproewinge en moeilikheid, in die gesig; en straf blyk onafwendbaar te wees. Indien hy aanhou sondig, mag sy gewete gevoelloos word. Hy mag dit onmoontlik vind om God se wil te onderskei van die gulsigheid van sy hart, en laasgenoemde dikwels voortsit.

Somtyds, mag hy jaloers raak oor God se diensknegte wie grootliks bewonder, en onder die kerklidmate van hulle kerk geliefd is. Hy mag hulle valslik beskuldig en met hulle bediening inmeng. Hy skep klieks binne die kerk tot sy eie voordeel, waardeur hy die kerk verwoes, waarbinne Christus woon.

So 'n persoon sal aanhou om God te konfronteer, en die werktuig van die vyandige Satan en die duiwel word, en aan die einde soos Saul lyk.

God staan die hoogmoedige teen, maar skenk aan die nederige genade

1 Petrus 5:5 lees soos volg, En julle wat jonger is, moet aan die ouer mense onderdanig wees. Almal moet trouens teenoor mekaar nederig wees en mekaar help, want "God weerstaan die hoogmoediges, maar aan die nederiges gee Hy genade." Die hoogmoedige oordeel die boodskap wat vanaf die preekstoel gelewer word, terwyl hy daarna luister. Hulle aanvaar dit wat met hulle eie gedagtes ooreenstem, maar verwerp dit wat nie ooreenstem nie. Die meeste menslike gedagtes, is verskillend van God se gedagtes. Jy kan nie sê dat jy in God glo en Hom liefhet, indien jy net die dinge aanvaar, wat met jou gedagtes ooreenstem nie.

1 Johannes 2:15 sê vir ons, "Moenie die sondige wêreld liefhê nie. As iemand die wêreld liefhet, is die Vader se liefde nie in hom nie." Eweneens, indien die Vader se liefde nie met daardie individu is nie, het hy of sy geen kameraadskap met God nie. Dit is waarom, indien jy daarop aanspraak maak dat jy 'n kameraadskap met God het, en steeds in die duisternis wandel, dan lieg jy en handel nie volgens die waarheid nie (1 Johannes 1:6).

Jy moet altyd versigtig wees, en jouself voortdurend ondersoek, om vas te stel of jy nie dalk verwaand geraak het, om deur ander bedien te wil word, in plaas daarvan om ander te dien, en of die wêreld se liefde in jou hart ingekruip het.

7. Die Vierde Strafvlak vir Judas Iskariot

HEL

Ons het gesien dat die eerste, tweede en derde strafvlakke in die Laergraf so ellendig en wreed is, verby ons verbeelding. Ons het ook verskeie redes aangevoer, waarom hierdie siele sulke wrede strawwe ontvang.

Laat ons dus delf in die verskriklikste, van alle strawwe in die Laergraf. Wat is voorbeelde van die vierde strafvlak, en watter soort sondes het hierdie siele gepleeg, om dit te verdien?

Pleeg van 'n onvergeeflike sonde

Die Bybel vertel vir ons dat vir sekere sondes kan jy deur berou daaroor te hê, daarvoor vergewe word, terwyl daar ander soorte sondes is, waarvoor jy nie vergewe kan word, die soort sondes wat tot jou dood lei (Matteus 12:31-32; Hebreërs 6:4-6; 1 Johannes 5:16). Mense wie die Heilige Gees belaster, opsetlik 'n sonde pleeg, terwyl hulle weet wat reg is, en alles wat verband hou met hierdie soorte sondes, en hulle sal in die diepste deel van die Laergraf beland.

Byvoorbeeld, ons sien dikwels mense wie genees was of wat deur God se genade, van hulle probleme verlos was. Aan die begin is hulle baie ywerig, om vir God en Sy kerk te werk. Nogtans, by tye sien ons hulle waar hulle in die wêreld verlei word, en uiteindelik hul rûe op God draai.

Hulle het weereens aan die wêreld se plesier toegegee, maar hierdie keer, het hulle dit baie erger as vantevore gedoen. Hulle het die kerke geteiken, om skande te maak en om ander Christene sowel as God se diensknegte, te beledig. Dikwels, hulle wie in die openbaar hulle geloof in God erken, is baie keer eerste om die kerke en pastore volgens hulle eie sienings en redes te oordeel, en dan as "dwaalleraars" te bestempel. Wanneer hulle 'n kerk sien wat met die Heilige Gees se krag gevul is, asook God se wonderwerke deur Sy diensknegte, en net omdat hulle dit nie kan begryp nie, is hulle baie vinnig om die hele gemeente as "dwaalleraars" te oordeel, of die Heilige Gees se werke as die van Satan te beskou.

Hulle het God verraai, en kan nie die gees van berou ontvang nie. Met ander woorde, vir sulke mense sal onmoontlik wees, om spyt oor hulle sondes te wees. Dus, na die dood sal hierdie "Christene" groter strawwe, as hulle wie nie in Jesus Christus as hulle persoonlike Verlosser geglo het nie ontvang, en in die Laergraf beland het.

2 Petrus 2:20-21 sê vir ons dat "Mense wat van die besmetting van die wêreld vrygekom het deurdat hulle ons Here en Verlosser, Jesus Christus, leer ken het, en wat weer daarin vasgevang en daardeur oorweldig word, is aan die einde slegter daaraan toe as aan die begin. Dit sou vir hulle beter gewees het as hulle die wil van God nie leer ken het nie as dat hulle dit wel leer ken het en daarna afgewyk het van die heilige gebod wat aan hulle oorgedra is." Hierdie mense is ongehoorsaam teenoor die woord van God, en hulle daag Hom uit, selfs al het hulle die woord geken, daarom sal hulle groter en erger stawwe ontvang, as diegene wie nie geglo het nie.

Mense wie se gewete gebrandmerk is

Siele wie die vierde strafvlak ontvang, het nie alleenlik onvergeeflike sonde gepleeg nie, hulle gewetes word ook gebrandmerk. Sommiges van hierdie mense het totale slawe van die vyandige Satan en die duiwel geword, en wie vir God gekonfronteer het, en die Heilige Gees meedoënloos teengestaan het. Dit is asof hulle vir Jesus persoonlik, gekruisig het.

Jesus ons Verlosser was gekruisig om ons sondes te vergewe, en om van die vloek van die ewige lewe bevry te word. Sy kosbare bloed koop almal vry wie in Hom glo, maar die vloek oor die mense wie die vierde strafvlak ontvang, maak hulle nie ontvanklik om die saligheid te ontvang nie, selfs nie eers deur Jesus Christus se bloed nie. Vandaar, is hulle verdoem om aan hulle eie kruise gekruisig te word, en in die Laergraf hulle eie strawwe te ontvang.

Judas Iskariot, een van Jesus se twaalf dissipels en moontlik die bekendste verraaier in die mens se geskiedenis, is 'n baie goeie voorbeeld. Met sy eie oë het Judas, die Seun van God in vlees gesien. Hy het een van Jesus se dissipels geword, die woord geleer, en die wonderwerke en tekens gesien. Nogtans, was Judas tot aan die einde nie in staat om sy gulsigheid te verwerp nie. Uiteindelik was Judas deur Satan aangehits, om sy leermeester vir dertig silwerstukke te verkoop.

Ongeag hoeveel berou Judas Iskariot gehad het

Wie dink jy was die skuldiger een: Pontius Pilatus wie Jesus gevonnis het, om gekruisig te word, of Judas Iskariot wie Jesus aan die Jode verkoop het? Jesus se antwoord op een van Pilatus se vrae voorsien ons van 'n duidelike antwoord:

"U sou geen gesag oor My gehad het as dit nie van Bo aan u gegee was nie. Daarom het hy wat My aan u uitgelewer het, groter skuld." (Johannes 19:11)

Die sonde wat Judas gepleeg het, is waarlik 'n groter sone,

waarvoor hy nie vergewe kan word nie, en nie 'n gees van berou ontvang nie. Toe Judas die omvang van sy sonde besef, was hy hartseer daaroor en het die geld terug gegee, maar hy het nooit 'n gees van berou ontvang nie.

Aan die einde, was hy nie in staat om sy sondelas te oorkom nie, en uit angstigheid het Judas Iskariot selfmoord gepleeg. Handelinge 1:18 vertel vir ons dat "met die geld wat Judas vir sy misdaad gekry het, het hy 'n stuk grond gekoop. Daar het hy vooroor geval en oopgebars, en al sy ingewande het uitgepeul." Dit beskryf sy ellendige einde.

Judas hang aan 'n kruis

Watter soort straf ontvang Judas in die Laergraf? In die diepste gedeelte van die Laergraf, hang Judas aan die voorkant aan 'n kruis. Met Judas aan sy kruis aan die voorkant, is daar ook baie ander kruise opgelyn, van hulle wie vir God ernstig uitgedaag het. Die toneel lyk soos 'n massagraf, of 'n begraafplaas na 'n volskaalse oorlog, of 'n slagpale wat met dooie diere se karkasse gevul is.

Kruisiging is selfs een van die wreedste strawwe in hierdie wêreld. Die gebruik van kruisiging dien as 'n voorbeld en 'n afskrikmiddel, aan alle misdadigers en persone wie misdade beplan, oor wat hulle moontlik in die gesig staar. Enigiemand wie aan 'n kruis hang, wat groter angs as die dood self veroorsaak, vir 'n aantal ure – waartydens liggaamsdele in stukke geskeur word, en insekte knaag aan die liggaam terwyl bloed oral uit die liggaam uitstroom – sien daarna uit om sy laaste asem so gou as moontlik uit te blaas.

In hierdie wêreld, duur die pyn van kruisiging, ongeveer 'n

halwe dag. Nogtans, in die Laergraf waar daar geen einde aan foltering en sekerlik die dood is nie, sal die treurspel van die straf as gevolg van kruisiging, tot die Oordeelsdag aanhou.

Verder, Judas dra 'n doringkroon wat voortdurend groei en sy vel oopskeur, asook die skedel en die brein deurboor. Ter aanvulling, onder sy voete is daar diertjies wat kruipende en kriewelrig voorkom. 'n Beter waarneming ontvou hulle as ander siele wie ook in die Laergraf beland het, en selfs hulle is besig om Judas te folter. In hierdie wêreld het hulle ook vir God uitgedaag, met die pleeg van 'n groot hoeveelheid sondes, omdat hulle gewetes gebrandmerk was. Ook hulle ontvang ru strawwe en folterings, en hoe swaarder strawwe hulle ontvang, hoe gewelddadiger word hulle. In antwoord daarop, gebruik hulle dit as 'n uitlaatklep vir hulle toorn en angs, deur Judas aanhoudend met spiese te steek.

Dan, bespot die boodskappers van die hel vir Judas deur te sê, "Hierdie is die een wie die Messias verkoop het! Hy het dinge vir ons goed gemaak! Goed vir hom! Hoe belaglik!"

Groot geestelike foltering vir die verkoop van die Seun van God

In die Laergraf moet Judas Iskariot nie alleen die fisiese foltering verduur nie, maar ook 'n ondraaglike hoeveelheid geestelike foltering. Hy sal altyd onthou dat hy vervloek was, omdat hy die Seun van God verkoop het. Ter byvoeging, omdat die naam "Judas Iskariot" sinoniem met verraad in hierdie wêreld geword het, vermeerder sy geestelike foltering gevolglik.

Jesus het vooruit geweet dat Judas hom sou verraai, en wat met hom na sy dood sou gebeur. Dit is waarom Jesus probeer het om Judas met die woord terug te wen, maar Hy het ook geweet dat Judas nie terug gewen sou word nie. Dus, in Markus 14:21, vind ons Jesus dit betreur, "Die Seun van die mens gaan inderdaad sterwe soos daar oor Hom geskrywe staan; maar wee die man deur wie die Seun van die mens verraai word. Dit sou vir daardie man beter gewees het as hy nooit gebore was nie."

Met ander woorde, indien 'n individu die eerste strafvlak ontvang, wat die ligste straf is, sou dit vir hom beter gewees het om nooit gebore te gewees het nie, omdat die pyn so groot en verskriklik is. Wat omtrent Judas? Hy ontvang die swaarste strawwe!

In opdrag om nie in die hel te beland nie

Wie dan, vrees God en onderhou Sy gebooie? Dit is die een wie altyd die Here se Dag heilig en sy volle tiende aan God gee – die twee fundamentele elemente van die lewe in Christus.

Deur die Here se Dag te heilig, simboliseer jy dat jy God as heerser van die geestelike koninkryk erken. Deur die Here se Dag te heilig, dien as 'n teken dat jy as een van God se vername kinders erken word. Indien jy nie God se Dag heilig nie, nietemin, maak nie saak hoeveel keer jy jou geloof in God die Vader erken nie, is daar geen geestelike bekragtiging, dat jy 'n kind van God is nie. In so 'n geval het jy geen ander keuse, as om hel toe te gaan nie.

Om jou hele tiende aan God te gee, is om God se heerskappy oor eiendom te erken. Dit beteken ook om God se alleen eienaarskap van die hele heelal te erken, en te verstaan. Volgens Maleagi 3:9, was die Israeliete vervloek na "roof [God]." Hy het die totale heelal geskep, en vir jou 'n lewe gegee. Hy gee

HEL

vir ons die sonlig en die reënval om te lewe, die energie om te werk, en die beskerming om 'n dag se werk te verrig. God besit alles wat jy het. Dus, selfs al behoort al ons inkomste aan God, laat Hy toe dat ons vir Hom slegs 'n tiende gee van alles wat ons verdien, terwyl ons die res tot ons eie beskikking het. Die HERE van menigte sê in Maleagi 3:10, "Bring die volle tiende na die voorraadkamer toe sodat daar iets te ete in my huis kan wees, en toets My hierin, sê die Here die Almagtige. Toets My of Ek nie die vensters van die hemel vir julle sal oopmaak en vir julle reën sal uitgiet, meer as wat julle kan gebruik nie." Solank as wat ons getrou bly aan Hom, met betrekking tot die gee van ons tiendes, sal God soos belowe, die vensters van die hemel oopmaak en vir ons so baie seëninge uitgiet, dat ons te min ruimte daarvoor sal hê. Nogtans, indien jy nie jou tiende aan God gee nie, beteken dit dat jy nie glo in Sy belofte van seëning nie, 'n gebrek aan geloof het om gered te word, en omdat jy God beroof het, het jy geen ander keuse as om hel toe te gaan nie.

Daarom, moet ons die Here se Dag heilig, ons volle tiende aan die Een gee, aan wie alles behoort, en al Sy gebooie, soos in die ses en sestig Bybelboeke voorgeskryf, onderhou.

Ek bid dat niemand wie hierdie boek lees, in die hel sal beland nie.

In hierdie hoofstuk het ons gedelf, in verskeie soorte strawwe – grootliks in vier vlakke verdeel – wat aan die veroordeelde siele wie in die Laergraf gevange gehou word, opgelê word. Hoe wrede, angswekkende en ellendige plek is dit nie?

2 Petrus 2:9-10 sê vir ons, "Die Here weet dus om dié wat Hom dien, uit beproewing te red, maar om die goddeloses te straf en vir die oordeelsdag gevange te hou. Veral húlle sal gestraf word wat toegee aan hulle wellustige vleeslike begeertes en wat

die gesag van die Here verag. Hierdie leraars is uitdagend en verwaand en huiwer nie om hemelwesens te beledig nie."

Sondige mense wie sondes pleeg en kwaad doen, en met die kerk se werke inmeng of probeer ontwrig, sal nie vir God vrees nie. Sulke mense wie vir God blatant konfronteer, kan nie en moet nie of verwag, om van God hulp te ontvang, gedurende tye van droefheid en beproewinge nie. Tot die Oordeel van die Groot Wit Troon uitgevoer word, sal hulle in die dieptes van die Laergraf gevange gehou word en die strawwe, ooreenkomstig die omvang van hulle sondige soort dade ontvang.

Hulle wie goeie, regverdige en toegewyde lewens lei, is altyd in die geloof teenoor God gehoorsaam. Dus, selfs toe die mens se sondigheid die aarde gevul het, en God die vensters van die hemel moes open, sien ons dat slegs Noag en sy familie gered was (Genesis 6-8).

Op dieselfde wyse as wat Noag vir God gevrees het en aan Sy gebooie gehoorsaam was, om sodoende die oordeel te vermy, en daardeur die saligheid te verkry, moet ons ook gehoorsame kinders van God word, in alles wat ons doen, sodat ons God se ware kinders sal word, en Sy voorsienigheid ten uitvoer kan bring.

Hoofstuk 6

Strawwe vir die Lastering van die Heilige Gees

1. Ly in 'n Pot met Kokende Vloeistof
2. Opklim teen 'n Loodregte Rotswand
3. Geskroei in die Mond met 'n Verhitte Yster
4. Geweldige Groot Foltermasjiene
5. Vasgebind aan 'n Boomstam

"...teen die Seun van die mens iets sê, kan vergewe... ...aar hy wat teen die Heilige Gees laster, kan nie vergewe word nie."
(Lukas 12:10)

"Wanneer mense een keer deur God verlig is, die hemelse gawe ontvang en deel gekry het aan die Heilige Gees, die goeie woord van God leer ken het en die kragte van die toekomstige wêreld ondervind het en dan nogtans afvallig geword het, is dit onmoontlik om hulle weer tot bekering te bring. In hulleself kruisig hulle immers weer die Seun van God en maak hulle Hom in die openbaar tot 'n bespotting."
(Hebreërs 6:4-6)

In Matteus 12:31-32 staan, "Daarom sê Ek vir julle: Elke sonde en lastering kan die mense vergewe word, maar die lastering teen die Heilige Gees kan nie vergewe word nie. As iemand iets teen die Seun van die mens sê, kan dit hom vergewe word; maar as iemand iets teen die Heilige Gees sê, kan dit hom nie vergewe word nie, in hierdie bedeling nie en ook nie in die toekomstige nie."

Jesus het hierdie woorde geuiter teenoor die Jode, wie Hom berispe het omdat Hy die evangelie verkondig het en werke van goddelike krag uitgevoer het. Hulle het geargumenteer dat Hy onder die betowering van die bose geeste was, of dat Hy die wonderwerke deur die krag van die vyandige Satan of duiwel uitvoer.

Selfs vandag, baie mense wie hulle geloof in Christus erken, verwerp kerke waar kragtige werke en wonders van die Heilige Gees plaasvind, en bestempel hulle as "dwaalleraars" of "die duiwelse werk" eenvoudig omdat hulle dit nie kan begryp of wil aanvaar nie. Nogtans, hoe anders kan die koninkryk van God uitgebrei word en die evangelie regoor die wêreld verkondig word, sonder die krag en mag wat van God afkomstig is, wat eintlik die werke van die Heilige Gees is?

Om die werke van die Heilige Gees teen te werk, is niks anders as om teen God Homself te werk nie. God, dan, sal nie hulle wie hulle teen die werke van die Heilige Gees versit, erken as Sy kinders nie, ongeag hoeveel hulle hulself as "Christene" beskou nie.

Dus, hou in gedagte dat selfs nadat God se woning met Sy diensknegte gesien en ervaar is, en wonderlike wondertekens en byeenkomste plaasvind, indien iemand dan nog steeds God se diensknegte en Sy kerk as "dwaling," verwerp, het hy sekerlik die Heilige Gees teengestaan en belaster, en die enigste plek wat vir hom gereserveer is, is die dieptes van die hel.

Indien 'n kerk, 'n pastoor, of enige ander dienskneg van God waarlik die Drie-enige God erken, glo dat die Bybel God se woord is en dit so verkondig, bewus van die lewe, hemel of hel en die Oordeel is, en glo dat God die Heerser oor alles is, Jesus ons Verlosser is en hulle so leer, behoort of kan niemand die kerk, pastoor en God se diensknegte te verwerp of as "dwaalleraars" te beskou nie.

Ek het Manmin Kerk in 1982 gestig, en het ontelbare siele op die weg van saligheid, deur die werke van die Heilige Gees, gelei. Verstommend, tussen die mense wie self persoonlik die werke van die lewende God ervaar het, was diegene wie eintlik God gekonfronteer het, deur aktief die doelwitte en werke van die kerk te ontwrig, deur gerugte en leuens oor die kerk en myself te versprei.

Terwyl God aan my die ellende en angs van die hel in diepte verduidelik het, het Hy ook die strawwe in die Laergraf aan my openbaar, wat op hulle wag wie die Heilige Gees belemmer, minag en laster. Watter soort strawwe sal hulle ontvang?

1. Ly in 'n Pot met Kokende Vloeistof

> Ek het spyt oor, en vervloek die huweliks eed
> wat ek met my man afgelê het.
> Waarom is ek in hierdie ellendige plek?
> Hy het my bedrieg en as gevolg van hom, is ek hier!

Dit is 'n weeklaag van 'n eggenote, wie die vierde strafvlak in die Laergraf ontvang. Die rede vir haar angstige gekreun weergalm deur die duisternis en asvaal ruimte, omdat haar man haar bedrieg het, om God saam met hom te konfronteer.

Die eggenote was sondig, maar nogtans het sy tot 'n sekere mate God gevrees. Dus, die vrou was nie in staat om die Heilige Gees teen te staan nie, maar het met God op haar eie getwis. Nietemin, in haar nastrewing van haar vleeslike begeertes, het haar gewete saamgesmelt met haar man se sondige gewete, wat daartoe gelei het dat die egpaar grootliks God en Sy werke teengestaan het.

Die egpaar wat saam sondige dade gepleeg het, word nou saam in die Laergraf gestraf, en sal vir hulle sondige dade ly. Wat, dan, sal hulle strawwe in die Laergraf behels?

'n Egpaar een vir een gefolter

In 'n pot wat met verskriklike stank gevul is, word die veroordeelde siele een vir een in die kokende vloeistof ingedompel. Wanneer 'n boodskapper van die hel elke siel in die pot plaas, dan verander die temperatuur van die vloeistof die vel van die hele liggaam, – nou meer die ooreenkoms van 'n padda se rug – en die oogappels spring uit.

Wanneer hulle uit desperaatheid probeer om die foltering te vermy, deur hulle koppe uit die pot te lig, trap groot voete op hul koppe sodat onderdompeling weer plaasvind. Op die voete van die boodskappers van die hel is klein yster en geelkoper vleispennetjies ingeplant. Wanneer afwaarts met hierdie voete getrap word, word die siele met groot snye en kneusplekke, terug in die pot geforseer.

Na 'n ruk, steek die siele weer hulle koppe uit, omdat hulle nie die brandende gevoel kan verduur nie. Dan, soos baie ander kere vantevore, word hulle in die pot teruggetrap en gestoot. Verder, omdat die siele om die beurt gefolter word, indien die man in die pot is, moet die vrou sy foltering aanskou, en andersom.

Hierdie pot is deurskynend, dus is die binnekant aan die buitekant sigbaar. Aan die begin, wanneer die man of die vrou sien hoe wreed sy/haar geliefde gemartel en gefolter word op so 'n aaklige wyse, dan uit wedersydse meegevoel vir mekaar, skree hulle om genade namens die ander een:

> My vrou is daar binne!
> Asseblief haal haar uit!
> Asseblief bevry haar van die ellende.
> Nee, nee, moenie op haar trap nie.
> Asseblief haal haar uit, asseblief!

Na 'n seker tyd, staak die man se smeking. Nadat hy 'n paar keer gestraf is, kom hy tot die besef dat terwyl sy vrou ly, kry hy 'n blaaskans, en wanneer sy vrou uit die pot kom, is dit sy beurt om in te gaan.

Blamering en vervloeking van mekaar

Getroude pare in hierdie wêreld sal nie egpare in die hemel wees nie. Nogtans, hierdie egpaar sal in die Laergraf 'n egpaar bly, om hulle strawwe saam te ontvang. Dus, omdat hulle weet dat hulle, hulle strawwe beurtelings gaan ontvang, begin hulle smekings drasties 'n ander klank uitdra.

> Nee, nee, asseblief moet haar uithaal nie.
> Laat haar 'n bietjie langer daar bly.
> Asseblief laat haar daar
> sodat ek 'n bietjie langer kan rus.

Die vrou wil hê dat haar man aanhoudend moet ly, terwyl die man ook smeek dat sy vrou solank as moontlik, in die pot moet bly. Nietemin, om waar te neem hoe die ander een ly, gee nie vir die ander party ruskans nie. Kort blaaskanse kan nie opmaak vir aanhoudende angs nie, uitsluitlik omdat die man weet, dat na sy vrou is dit weer sy beurt. Verder, wanneer iemand gefolter word, en sien en hoor dat die ander party pleit vir langer straf, dan begin die twee partye mekaar vervloek.

Hier, word ons deeglik van die resultaat ten opsigte van vleeslike liefde, bewus. Die werklikheid van vleeslike liefde – en die werklikheid van die hel – is wanneer iemand ly as gevolg van 'n onhoudbare hoeveelheid foltering, en hy of sy geredelik wens dat die ander een namens hom/haar gefolter moet word.

Terwyl die vrou spyt is daaroor dat sy God gekonfronteer het "as gevolg van haar man," vertel sy ywerig vir haar man, "as gevolg van jou is ek hier!" In reaksie hierop, en met 'n luidrugtige stem, vervloek en blameer die man sy vrou wie hom met sy sondige dade ondersteun het en daaraan deelgeneem het.

Hoe meer sonde die egpaar pleeg…

HEL

Die boodskappers van die hel in die Laergraf is so gelukkig en verheug met die egpaar wie mekaar vervloek, en die boodskappers smeek dat hulle gade langer en swaarder gestraf moet word.

> Kyk, hulle vervloek mekaar selfs hier!
> Hulle sondigheid verheug ons so baie!

Asof hulle 'n interessante rolprent dophou, skenk die boodskappers van die hel hulle volle aandag aan die egpaar, en stook hulle die vuur verder, om hulleself deeglik te geniet. Hoe meer die man en vrou ly, hoe meer vervloek hulle mekaar, en natuurlik raak die boodskappers se gelag al hoe harder.

Ons moet een ding hier, baie duidelik verstaan. Wanneer mense sondig in die lewe, is die bose geeste bly en vreugdevol. Terselfdertyd, hoe meer sonde mense pleeg, hoe verder word hulle van God vervreem.

Wanneer jy probleme ondervind, en jou met die wêreld verbind, weeklaag, kla en verbitterd raak teenoor sekere individue of omstandighede, dan kom die vyandige duiwel na jou toe aangehardloop, en gelukkig vermeerder hy jou probleme en beproewinge.

Die wyse mens wie die wet van die geestelike wêreld verstaan, sal nooit weeklaag of kla nie, maar in plaas daarvan onder alle omstandighede en op 'n positiewe wyse hul dank betuig, en hulle geloof in God erken, sodat hulle seker maak dat hulle harte se fokus, voortdurend op Hom is. Verder, indien 'n baie sondige persoon jou sou treiter, soos Romeine 12:21 ons vertel "Moet jou nie deur die kwaad laat oorwin nie, maar oorwin die kwaad deur die goeie," moet jy die sonde deur die goeie oorwin, en jou altyd tot God verbind.

Eweneens, wanneer jy navolg wat goed is en in die lig wandel, sal jy die krag en mag besit om die invloed van die bose geeste te oorkom. Dan, kan die vyandige Satan en die duiwel jou nie aanspreeklik hou om te sondig nie, en jou probleme sal baie vinniger verdwyn. God is ingenome daarmee, wanneer Sy kinders volgens hulle goeie geloof optree en lewe.

Onder geen omstandighede moet jy sonde laat voortvloei, op die wyse wat die vyandige Satan en die duiwel dit wil hê nie, maar dink altyd in die waarheid en tree in die geloof op, op so 'n wyse wat God die Vader sal behaag.

2. Opklim teen 'n Loodregte Rotswand

Hetsy, jy God se dienskneg is, 'n ouderling, of Sy kerkwerker, sal jy eendag Satan se prooi word, indien jy nie jou hart volkome reinig, maar aanhou om te sondig. Sommige mense raak afvallig teenoor God, omdat hulle die wêreld liefhet. Ander staak hulle kerkbywoning, omdat hulle voor die versoeking swig. Verder konfronteer ander vir God deur Sy kerk se planne en werksaamhede teen te staan, wat hulle hopeloos laat, op pad na die dood.

'n Geval van 'n hele familie wie God verraai het

Die volgende is 'n verhaal omtrent die familie van 'n individu, wie eens op 'n tyd getrou, vir God se kerk gewerk het. Hulle het

HEL

nie hul harte, wat met 'n opvlieënde geaardheid en gulsigheid gevul was, gereinig nie. Daarom, het hulle hul krag na ander kerklidmate geswaai, en herhaaldelik sonde gepleeg. Later het God die straf op hulle laat afkom, deurdat die vader van die familie met 'n baie ernstige siekte gediagnoseer was. Die hele familie met bymekaar gekom, en begin met gebede van groot berou, asook gebede vir sy lewe.

God het hulle gebede oor die berou verhoor, en die vader genees. Op daardie stadium het God vir my iets heeltemal onverwags vertel: "Indien Ek nou sy gees oproep, sal hy ten minste 'n skandelike saligheid verkry. Indien Ek hom 'n bietjie langer laat leef, sal hy nie enige soort saligheid ontvang nie."

Ek het nie verstaan wat Hy daarmee bedoel nie, maar 'n paar maande later, nadat ek die familie se optredes waargeneem het, het ek dit spoedig verstaan. Een familielid was 'n ywerige werker by my kerk. Hy het begin om God se kerk en koninkryk te ontwrig deur valse verklarings teen die kerk te maak, asook baie ander sondige dade. Uiteindelik was die hele familie mislei, en almal het van God wegbeweeg.

Toe die voormalige werker by my kerk die Heilige Gees teenstaan en verskeie kere belaster, het die res van die familie onvergeeflike sondes gepleeg, en die vader wie deur my gebed opgewek was, het spoedig daarna gesterf. Indien die vader gesterf het toe hy selfs net kleingelowig was, kon hy nog gered word. Nietemin, hy het sy geloof versaak, en hom met geen kans vir die saligheid gelaat nie. Verder, elke familielid sal ook in die Laergraf beland, waar die vader beland het, en waar elke familielid strawwe sal ontvang. Wat sal hulle strawwe behels?

Uitklim van 'n loodregte rotswand sonder rus

In die gebied waar die familie gestraf word, is daar 'n loodregte rotswand. Hierdie rotswand is so hoog dat die top daarvan, nie vanaf die grond sigbaar is nie. Angswekkende gille vul die lug. Ongeveer halfpad teen die vervloekte rotswand op, word drie siele gestraf. Hulle vertoon soos drie spikkels van ver af.

Hulle klim met hulle kaal hande en voete teen die rowwe en harde rotswand uit. Asof hulle hande en voete met skuurpapier geskuur is, is hulle vel spoedig afgedop en verweer. Hulle liggame is deurdrenk van die bloed. Die rede waarom hulle die op die oog af, onmoontlike probeer vermag, deur die rotswand uit te klim, is om 'n boodskapper van die hel wie oor die gebied vlieg, te probeer ontduik.

Wanneer die boodskapper van die hel, nadat hy hierdie drie siele 'n ruk dopgehou het terwyl hulle die rotswand uitklim, sy hande oplig, verskyn klein insekte wat presies soos die boodskapper van die hel lyk, regoor die land soos waterdeeltjies wat uit 'n sproeier kom. Met hulle skerp tande ontbloot en oopgerekte monde, klim hierdie insekte vinnig teen die rotswand op, om die siele te jaag.

Stel jou voor jy sien honderde duisendpote, bobbejaanspinnekoppe of kakkerlakke, almal omtrent vingergrootte wat die vloer bedek, wanneer jy jou huis binnegaan. Stel jou ook voor al hierdie skrikwekkende insekte, hardloop gesamentlik na jou toe.

Die gesig van sulke insekte alleen, is genoeg om jou bang te maak. Indien al hierdie insekte meteens na jou toe storm, mag dit die mees bloedstollende oomblik van jou lewe wees. Indien hierdie insekte teen jou voete en bene begin opklim, en spoedig jou liggaam oorweldig, hoe kan enigiemand so 'n afgryslike toneel beskryf?

In die Laergraf, egter, is dit onmoontlik om te sê, of daar honderde of duisende van hierdie insekte is. Die siele weet slegs dat daar 'n onberekenbare hoeveelheid van hierdie insekte is, en dat die drie siele hulle prooi is.

Ontelbare insekte stormloop die drie siele

By die siening van die insekte teen die onderkant van die rotswand, klim die drie siele al vinniger en vinnger teen die rotswand uit. Kort voor lank, egter, word die drie siele dadelik ingehaal, oorweldig en val op die grond, waar hulle alleen gelaat word, en hulle liggaamsdele deur die afgryslike insekte geknaag word.

Wanneer daar aan hierdie siele se liggaamsdele geknaag word, is die pyn so groot en ondraaglik, dat hulle geluide soos diere maak, en hulpeloos hulle liggame vorentoe en agtertoe swaai. Hulle probeer om die insekte van hulleself af te skud, en doen dit deur om mekaar plat te trap, terwyl hulle voordurend mekaar berispe en vervloek. In die midde van sulke doodsangs, straal elkeen meer kwaad as die ander uit, op soek na sy/haar eie belang en gaan voort om mekaar meer te vervloek. Die boodskappers van die hel lyk, asof hulle die toneel baie meer as enigiets wat hulle voorheen gesien het, geniet.

Dan, wanneer die boodskapper van die hel oor die gebied sweef, sy hande uitsteek en al hierdie insekte versamel, verdwyn hulle almal in 'n oomblik. Dan voel die drie siele nie meer die geknaag van die insekte nie, maar hulle kan nie ophou om teen die loodregte rotswand uit te klim nie. Hulle is deeglik daarvan bewus, dat die boodskapper van die hel die insekte weer spoedig, sal loslaat. Met alle mag gaan hulle voort om die rotswand uit te klim. Tydens hierdie onheilspellende stilte, word die drie vasgevang in 'n vernietigende vrees oor dit wat gaan kom, en is in 'n stryd gewikkel om die rotswand uit te klim.

Die pyn van die snywonde wat hulle opdoen, terwyl klim kan nie maklik geïgnoreer word nie. Nogtans, omdat omdat die vrees van insekte wat aan hulle liggame knaag en dit in repe snipper, is baie groter. Die drie siele kyk na hulle bloedbesmeerde liggame, en klim so vinnig as wat hulle kan. Hoe ellendig is hierdie toneel!

3. Geskroei in die Mond met 'n Verhitte Yster

Spreuke 18:21 vertel vir ons dat "Die tong het mag oor dood en lewe; dié wat lief is om te praat, sal die gevolg dra." In Matteus 12:36-37 vertel Jesus vir ons, "Dit sê Ek vir julle: Van elke ligsinnige woord wat die mense sê, sal hulle rekenskap moet gee op die oordeelsdag. Op grond van jou eie woorde sal jy vrygespreek of veroordeel word." Die twee gedeeltes vertel vir ons dat God ons aanspreeklik sal hou vir ons woorde gespreek, en ons daarvolgens sal oordeel.

Aan die een kant, hulle wie die goeie woorde van die waarheid spreek, dra goeie vrugte in ooreenstemming met hulle woorde. Aan die ander kant, hulle wie sondige woorde sonder geloof uiter, dra sondige vrugte ooreenkomstig die sondige woorde, wat deur hulle sondige lippe gespreek word. Ons sien somtyds hoe woorde wat roekeloos gespreek word, 'n groot hoeveelheid pyn en angs veroorsaak.

Elke woord sal terugbetaal word

Sommige gelowiges, as gevolg van vervolging van hulle families sê of bid, "Indien my familie as gevolg van 'n ongeluk berou kan hê, sal dit die moeite werd wees." Wanneer die vyandige Satan en die duiwel hierdie woorde hoor, gaan verkla hulle hierdie persoon by God deur te sê, "Die woorde van hierdie persoon behoort verwesenlik te word." Dus, woorde word saadjies en die ongeluk, waardeur mense gestremd raak en meer probleme ondervind, sal uiteindelik plaasvind.

Is daar by jou 'n behoefte om lyding oor jouself te bring, deur sulke dwase en onnodige woorde te spreek? Ongelukkig, wanneer beproewinge jou lewe bedreig, sal baie mense struikel. Party mense besef nie self dat die probleme wat opduik, as gevolg van hulle eie woorde ontstaan het nie, terwyl ander nie eers kan onthou wat hulle gespreek het, om sulke ellende te veroorsaak nie.

Daarom, deur dit in gedagte te hou, dat ons van elke woord rekenskap op die een of ander wyse sal moet gee, moet ons gedrag altyd onberispelik wees en moet ons, ons tonge beteuel. Ongeag die voorneme, indien dit wat jy spreek alles behalwe goed en mooi is, kan Satan maklik – en sekerlik sal hy – jou aanspreeklik vir jou woorde hou, en jy sal die onderwerp van angs, en somtyds onnodige moeilikheid wees.

Wat sal met iemand gebeur, wie doelbewus oor God se kerk

en Sy geliefde dienskneg leuens vertel, en verder grootliks die kerk se werksaamhede teenstaan en God konfronteer? Hy of sy sal spoedig deur Satan se invloed gelei word, en in die hel gestaf word.

Die volgende is slegs 'n voorbeeld van straf wat opgelê word, aan diegene wie die Heilige Gees deur middel van hulle woorde teenstaan.

Mense wie die Heilige Gees deur woorde teenstaan

Daar was 'n persoon wie vir 'n baie lang tydperk my kerk bygewoon, en in verskillende hoedanigheid gedien het. Nogtans, het hy nie sy hart gereinig nie, wat verreweg die belangrikste ding is wat van alle Christene vereis word. Op die oog af lyk hy na 'n gelowige werker wie vir God, die kerk, en sy mede kerklidmate lief het.

Tussen sy familielede was daar iemand wie van 'n ongeneeslike siekte genees was, wat kon gelei het tot sy permanente gestremdheid, en 'n ander een wie by die drumpel van die dood opgewek was. Behalwe van dit, het sy familie baie ervarings en seëninge van God ontvang, maar hy het nog nooit so ver gekom om sy hart te reinig, en die sonde te verwerp nie.

Dus, toe die kerk as 'n geheel ernstige probleme in die gesig staar, is sy familielede deur Satan versoek, om die kerk te verraai. Sonder om die genade en seëninge te onthou wat hy deur die kerk ontvang het, het hy die kerk, wat hy lank gedien het, verlaat. Verder, het hy spoedig begin om die kerk teen te staan, asof hy op 'n pelgrimstog was, deurdat hyself begin het om kerklidmate te

HEL

besoek en met hulle geloof in te meng.

Selfs al het hy die kerk verlaat, omdat hy onseker was van sy eie geloofslewe, kon hy dalk God se medelye aan die einde ontvang het, indien hy maar stil gebly het oor sake waarmee hy nie so vertroud was nie, om tussen reg en verkeerd te kan onderskei.

Nietemin, hy kon nie sy eie sondigheid oorkom nie, en het te veel met sy tong gesondig, nou wag daar op hom net 'n angswekkende vergelding.

Mond geskroei en liggaam verdraai

'n Boodskapper van die hel skroei sy mond met 'n verhitte yster, omdat hy die Heilige Gees heeltemal teengestaan het, met die woorde wat uit sy mond gekom het. Hierdie straf is dieselfde as die van Pontius Pilatus, wie die onskuldige Jesus gevonnis het om gekruisig te word, met die woorde wat uit sy mond gekom het, en waarna sy tong in die Laergraf permanent verwyder is.

Ter byvoeging, die siel word gedwing om 'n glasbuis binne te gaan wat stelpe aan beide uitgangspunte het, waar metaal handvatsels geplaas is. Wanneer die boodskappers van die hel hierdie handvatsels draai, word die liggaam van die vasgevange siel verdraai. Sy liggaam word meer en meer gedraai, en soos wat vuilwater uit 'n poetsbesem uitgepers word, spuit die siel se bloed uit sy oë, neus, mond, en alle ander gate in sy liggaam. Ten einde, is al sy bloed en vog sy liggaamselle, uitgepers.

Kan jy jou voorstel hoeveel krag moet aangewend word, om een druppel bloed uit jou vinger te pers, deur dit te draai?

Die siel se bloed en liggaamsvog word nie net uit een

liggaamsdeel uitgepers nie, maar uit sy hele liggaam, van kop tot toon. Al sy bene en spierstelsels word verdraai en vergruis en al sy liggaamselle verbrokkel, sodat selfs sy laaste druppel van enige soort vloeistof, uit sy liggaam uitgepers kan word. Hoe pynlik moet dit wees!

Uiteindelik, is die glasbuis vol van sy bloed en liggaamsvog, sodat dit op 'n afstand soos 'n bottel rooiwyn vertoon. Nadat die boodskappers van die hel die siel se liggaam gedraai en gedraai het, totdat die heel laaste druppel vog uitgestort is, laat hulle die liggaam vir tydjie alleen, om dit toe te laat om te herstel.

Nogtans, selfs al het die liggaam herstel, wat se hoop het hierdie siel? Vanaf die oomblik wat sy liggaam herstel het, begin die draaiery en uitpersing van sy bloed en vog, onophoudelik van vooraf. Met ander woorde, die oomblikke tussen sy folterings, is slegs 'n verlenging van die foltering.

Omdat hy die koninkryk van God met sy tong teengestaan het, is hierdie siel se lippe geskroei, en as beloning vir die bevordering van Satan se werksaamhede, is elke druppel vog uit sy liggaam onttrek.

In die geestelike wêreld oes 'n mens wat jy gesaai het, en wat hy ookal gedoen het, sal aan hom gedoen word. Asseblief hou dit in gedagte, en moenie voor sonde swig nie, maar spreek goeie woorde en doen goeie dade, en leef 'n lewe wat God sal verheerlik.

4. Geweldige Groot Foltermasjiene

Hierdie siel het persoonlik die werke van die Heilige Gees

ervaar, toe hy van sy siekte en swakheid genees was. Na dit, het hy heelhartig gebid, in 'n poging om sy hart te reinig. Sy lewe was deur die Heilige Gees gelei en gekontroleer, en het vrugte gedra, verder het hy die lof en die liefde van die kerklidmate ontvang, en 'n leraar geword.

Vasgevang in sy eie trots

Soos wat hy die lof en die liefde van hulle rondom hom gewen het, het hy toenemend verwaand geraak, sodat hy naderhand nie meer korrek na homself kon kyk nie, en het hy onbewustelik gestop om sy hart te reinig. Hy was altyd 'n humeurige en jaloerse mens, en in plaas daarvan om dit te verwerp, het hy begin om hulle wie reg was te oordeel en te veroordeel, en dan 'n wrok gekoester teen enigiemand wie hom nie behaag, of met hom saamstem nie.

Wanneer 'n mens eers vasgevang is in sy eie trots en sonde doen, vloei daar meer kwaad voort vanuit hom en hy kan hom nie langer bedwing nie, of ag slaan op enigiemand se advies nie. Hierdie siel stapel sonde op sonde, en was vasgevang in Satan se strik, en het God openlik teengestaan.

Die saligheid is nie voltooi, wanneer ons die Heilige Gees ontvang nie. Selfs al is jy met die Heilige Gees gevul, genade ervaar, en jy God dien, is jy soos 'n marathonatleet wie nog 'n lang ent vanaf die eindstreep af is – reiniging. Ongeag hoe goed die hardloper hardloop, indien hy of sy die wedloop om enige rede beëindig, of bewusteloos neerval, doen dit die hardloper nie goed nie. Baie mense hardloop na die eindstreep – die hemel. Ongeag hoe vinnig jy tot op 'n sekere punt gehardloop het, maak ook nie saak hoe naby jy aan die eindstreep gekom het nie, indien jy die wedloop beëindig het, dan is dit die einde van die wedloop vir jou.

Moenie aanvaar dat jy standvastig staan nie

God vertel vir ons dat indien ons "louwarm" is, sal Hy ons verlaat (Openbaring 3:16). Selfs al is jy 'n man/vrou van geloof, moet jy altyd met die Heilige Gees gevul wees; behou jou liefde vir God; en betree ywerig die koninkryk van die hemel. Indien jy die wedloop halfpad deur staak, soos diegene wie nie van die begin van die wedloop af deelgeneem het nie, kan jy nie gered word nie.

Vir daardie rede, het die apostel Paulus, wie in God met sy hele hart geglo het, bely dat, "Elke dag word ek deur die dood bedreig. Ja, broers dit is waar, net so waar as wat julle my trots is in Christus Jesus, ons Here" (1 Korintiërs 15:31) en "Maar ek oefen my liggaam en bring dit onder beheer, sodat ek nie ander tot die stryd oproep en self nie kwalifiseer nie" (1 Korintiërs 9:27).

Selfs al is jy in 'n posisie om ander te leer, en jy nie jou gedagtes verwerp en jou liggaam oefen, om dit jou slaaf te maak, soos wat Paulus gedoen het nie, sal God jou ook versaak. Dit is omdat, "Wees nugter, wees wakker! Julle vyand die duiwel, loop rond soos 'n brullende leeu, op soek na iemand om te verslind" (1 Petrus 5:8).

1 Korintiërs 10:12 lees, "Daarom, wie meen dat hy staan, moet oppas dat hy nie val nie." Die geestelike wêreld is eindeloos en ons hervorming om al meer soos God te word, ook nie. Net

soos 'n landbouer in die lente die saad saai, die verbouing regdeur die somer beoefen, en die gesaaides oes wanneer dit ryp is, moet jy voortdurend jou siel voortreflik en gereed maak, om die Here Jesus te ontmoet.

Verdraaide en deurprikte hoof

Watter soort straf wag vir die siel, wie opgehou het om sy hart te reinig, omdat hy gedink het dat hy stewig staan, en nogtans plat geval het?

'n Masjien wat met die boodskapper van die hel, 'n gevalle engel, ooreenstem, sal hom folter. Die masjien is 'n paar keer groter as die boodskapper van die hel, en gee die siel 'n koue rilling deur net daarna te kyk. Op die hande van die foltermasjien is daar skerp en flitsende vingernaels, wat langer is as die, van die gemiddelde mens.

Hierdie groot foltermasjien hou die siel aan sy nek met die regterhand vas, en draai die siel se hoof met sy linkerhand se vingernaels, wat sy hoof prik en tot in sy brein indring. Kan jy jou moontlik voorstel, hoe pynlik dit moet wees?

Hierdie fisiese pyn is geweldig; die geestelike angs is ondraagliker. Voor die oë van die siel is daar glyskywe wat, duidelik sy gelukkigste oomblikke in hierdie lewe vertoon: gelukkig gevoel het toe hy die eerste keer God se genade ervaar het, vreugdevol Hom geprys het, tyd toe hy gretig was om Jesus se opdrag te vervul van "gaan en maak dissipels van alle nasies," ensovoorts.

Geestelike foltering en bespotting

Vir die siel is elke toneel 'n dolksteek in sy hart. Hy was eens op 'n tyd 'n dienskneg van die Almagtige God, en was vol hoop om in die heerlike Nuwe Jerusalem te gaan woon. Nou, is hy in hierdie ellendige plek vasgevang. Hierdie sterk kontras skeur sy hart in stukke. Die siel kan nie langer die geestelike foltering verduur nie, en plaas sy vervloekte en verwilderde kop en gesig in sy hande. Hy smeek om genade en vir die beëindiging van die foltering, maar daar geen einde aan sy angs nie.

Na 'n rukkie, laat val die foltermasjien die siel na die grondvlak toe. Dan begin die boodskappers van die hel, wie die siel dopgehou het terwyl hy ly, hom te omsingel en te bespot deur te sê, "Hoe kon jy 'n dienskneg van God gewees het? Jy het 'n apostel van Satan geword, en nou is jy Satan se vermaak."

Tewyl hy na die spottery luister, met snikke en gille om genade, tel die twee vingers van die foltermasjien se regterhand hom aan sy nek op. Sonder om kennis te neem van die siel se gekriewel, tel die masjien hom op tot by die hoogte van sy nek, en steek sy hoof met sy skerp flitsende vingernael van die linkerhand. Die masjien veroorsaak ekstra foltering, deur die glyskywe oor sy lewe herhaaldelik te vertoon. Hierdie foltering sal tot die Oordeelsdag voortduur.

5. Vasgebind aan 'n Boomstam

Dit is die straf van 'n voormalige dienskneg van God, wie eens op 'n tyd kerklidmate onderrig het by sy kerk, en wie in beheer was van baie belangrike posisies.

HEL

Teenstaan van die Heilige Gees

Hierdie siel het 'n sterk begeerte vir roem, materiële gewin en natuurlike mag gehad. Hy het sy pligte ywerig uitgevoer, maar het nie sy eie sondigheid besef nie. Met verloop van tyd, het hy opgehou om te bid, en daardeur effektiewelik opgehou om pogings aan te wend, om sy hart te reinig. Onbewustelik het alle soorte kwaad, soos giftige sampioene in hom gegroei, en toe die kerk wat hy gedien het 'n groot krisis beleef, is hy dadelik deur Satan se mag oorgeneem.

Toe hy die Heilige Gees teengestaan het, nadat hy deur Satan versoek is, het sy sondes al meer ernstig geword, omdat hy 'n leier in sy kerk was het hy baie kerklidmate negatief beïnvloed, en sodoende die koninkryk van God verhinder.

Onderwerp van beide foltering en bespotting

Hierdie persoon het 'n straf ontvang, om in die Laergraf aan 'n boomstam vasgemaak te word. Sy straf is nie so hard soos die van Judas Iskariot nie, maar dit is steeds onaangenaam en ondraaglik.

Die boodskapper van die hel wys vir die siel glyskywe, wat tonele uitbeeld van die gelukkigste oomblikke van sy lewe, grotendeels die tye toe hy 'n gelowige dienskneg van God was. Hierdie geestelike foltering herinner hom daaraan dat hy eens op 'n tyd gelukkig was, en die geleentheid gehad het om God se oorvloedige seëninge te ontvang, maar hy het nooit sy hart gereing nie, weens sy gulsigheid en valsheid, en daarom is hy nou hier om sy aaklige straf te ontvang.

Vanaf die plafon hang ontelbare swart vrugte, en nadat die boodskapper van die hel vir die siel 'n glyskyf van die toneel gewys het, het hy na die plafon opgekyk en hom gekoggel deur te sê, "Jou gulsigheid het hierdie vrugte voortgebring!" Dan val die vrugte een vir een af. Elke vrug verteenwoordig 'n hoof van diegene wie hom gevolg het, om God te konfronteer. Hulle het dieselfde sonde saam met die siel gepleeg, en die res van hulle liggame is grusaam gefolter en is afgesny. Slegs hulle hoofde, wat vanaf die plafon hang, het oorgebly. Die siel wie aan die boomstam vasgebind is, het hierdie mense in die wêreld aangespoor en in die versoeking gebring, om sy gulsige maniere na te volg en te sondig, en dit is waarom hulle die vrugte van sy gulsigheid geword het.

Wanneer ook al 'n dienskneg van die hel hom koggel, dan dien hierdie uitkoggelry as 'n teken dat hierdie vrugte een vir een afval en oopbars. Dan rol 'n hoof uit 'n sak met 'n harde slag. Dramas, historiese of aksie dokumentêre, toneelstukke, of films waarin 'n karakter se keel afgesny word, toon gewoonlk die dooie karakter se hoof met deurmekaar hare, 'n bloedbesmeerde gesig, gebarste lippe en verblindende oë. Hoofde wat vanaf die plafon val, lyk baie dieselfde as die hoofde in sulke dramas en films.

Vallende hoofde vanaf die plafon knaag aan die siel

Wanneer die afgryslike hoofde vanaf die plafon val, kleef hulle een vir een aan die siel vas. Eerstens kleef hulle aan sy bene vas, en byt dit af.

'n Ander toneel van die glyskyf gaan voor die siel verby, en die boodskapper van die hel koggel hom weer deur te sê, "Kyk, so hang jou gulsigheid!" Dan, val daar nog 'n sak vanaf die plafon, bars, en nog 'n hoof kleef vas, en byt die siel se arms venyniglik.

Op hierdie manier, wanneer ook al die boodskapper van die hel die siel koggel, val 'n hoof vanaf die plafon, een vir een. Hierdie hoofde kleef oral aan die siel se liggaam vas, soos 'n boom wat oorvloedig vrugte dra. Die pyn wat deur hierdie bytende hoofde veroorsaak word, is totaal verskillend van die pyn veroorsaak, deur die bytery van iemand of 'n dier in hierdie wêreld. Die gif afkomstig van die hoofde se skerp tande, versprei vanaf die gebyte dele na die innerlike bene, en maak die liggaam solied en donker. Hierdie pyn is so groot, dat om deur insekte geknaag te word, of deur wilde diere verskeur te word, blyk minder pynlik te wees.

Die siele waarvan slegs die hoofde oorgebly het, moes die lyding deurmaak en die res van hulle liggame is afgesny en in stukke geskeur. Hoe groot is die wrok wat hulle teen die siel koester? Alhoewel hulle God deur hulle eie sonde gekonfronteer het, bly hulle begeerte boosaardig en desperaat om hom terug te betaal vir hulle ondergang.

Die siel weet al te goed, dat hy vir sy gulsigheid gestraf word. Nietemin, in plaas daarvan om spyt te wees en berou oor sy sondes te hê, is hy besig om die hoofde van ander siele wie sy liggaam byt en vernietig, te vervloek. Met die verloop van tyd en die toename van die pyn, word die siel al meer sondig en boos.

Jy moet nie onvergeeflike sondes pleeg nie

Ek het vyf voorbeelde van strawwe gegee, wat opgelê word aan mense wie God gekonfronteer het. Sulke siele sal swaarder strawwe as baie ander ontvang, omdat hulle op 'n tyd in hulle lewe vir die uitbreiding van God se koninkryk, as leiers in die kerk gewerk het.

Ons moet onthou dat baie van hierdie siele, wie in die Laergraf beland het en straf ontvang, alhoewel hulle in God glo, op 'n tyd gelowig en ywerig vir God, Sy diensknegte, en Sy kerk gedien.

Verder, moet jy onthou om nooit teen die Heilige Gees te praat, of die Heilige Gees te opponeer of te belaster nie. Die gees van berou sal nie aan hulle gegee word wie die Heilige Gees teenstaan nie, uitsluitlik omdat hulle die Heilige Gees teenstaan, nadat hulle hul geloof in God bely het, en nadat hulle persoonlik die werke van die Heilige Gees ervaar het. Dus, kan hulle selfs nie eers berou toon nie.

Sedert die begin van my evangeliebediening tot vandag toe, het ek nooit ander kerke gekritiseer, of enige van God se diensknegte, as "ketters" veroordeel nie. Indien ander kerke en pastore in die Drie-enige God glo, die bestaan van die hemel en die hel erken, en die evangelie deur Jesus Christus verkondig, hoe kan hulle dan moontlik ketters wees?

Bowendien, dit is duidelik konfrontering van die Heilige Gees om 'n kerk te veroordeel en te bestempel, waarin 'n dienskneg met God se magtiging en teenwoordigheid tentoongestel, en herbevestig word. Vir so 'n sonde, hou dit in gedagte, is dat daar geen vergifnis voor nie.

Dus, totdat die waarheid nie vasgestel is nie, kan niemand vir iemand veroordeel as 'n "ketter" nie. Ter byvoeging, jy moet nooit sondig deur die Heilige Gees teen te staan, of met jou tong te konfronteer nie.

Indien jy die God-gegewe pligte verlaat

Ons moet nooit die God-gegewe pligte, onder enige omstandighede, volgens ons eie diskresie, verlaat nie. Jesus beklemtoon die balangrikheid van plig, deur middel van die gelykenis van die talente (Matteus 25).

Daar was 'n man wat opreis wou gegaan het. Hy het sy diensknegte bymekaar geroep en sy besittings aan hulle toevertrou, ooreenkomstig elkeen se vermoë. Vir die een het hy vyf goue muntstukke gegee, vir 'n ander twee en vir 'n derde een. Die eerste en tweede diensknegte het hulle geld laat werk en dit albei verdubbel. Nietemin, die dienskneg wie een gekry het, het 'n gat in die grond gaan grawe en sy eienaar se geld daarin weggesteek. Na 'n lang tyd het die eienaar van daardie diensknegte teruggekom en van hulle rekenskap gevra. Die manne wie vyf en twee muntstukke onderskeidelik ontvang het, het hul verdubbeling oorhandig. Die eienaar het beide van hulle geprys en gesê, "Mooi so, goeie en getroue diensknegte!" Toe is die man wie die een muntstuk ontvang het, in die diepste duisternis verwerp, omdat hy nie met die muntstuk gewoeker het nie, en geen rente daarop verdien het nie, maar dit eerder weggesteek het.

"Die talent" in hierdie gelykenis verwys na enige God-gegewe plig. Jy sien dat God die een verlaat wie aan sy eie pligte vasklou. Nogtans, so baie mense rondom ons verlaat hulle pligte, soos deur God aan hulle gegee. Jy moet besef dat hulle wie hulle pligte volgens hul eie reëling verlaat, sal sekerlik op die

Oordeelsdag beoordeel word.

Verwerp skynheiligheid en reinig jou hart

Jesus het ook verwys na die belangrikheid om jou hart te reinig, toe hy na die skrifgeleerdes, en die Fariseërs, as huigelaars verwys het, toe Hy hulle berispe het. Die skrifgeleerdes en die Fariseërs het geblyk geloofwaardige lewens te lei, maar hulle harte was vol sonde, daarom het Jesus hulle berispe en gesê, dat hulle soos witgeverfde grafte is.

"Ellende wag vir julle, skrifgeleerdes en Fariseërs, huigelaars! Julle is soos witgeverfde grafte, wat van buite mooi lyk maar daarbinne vol doodsbene en allerhande onsuiwerhede is. So is julle ook: van buite lyk julle vir mense vroom, maar van binne is julle vol huigelary en minagting van die wet" (Matteus 23:27-28).

Vir dieselfde rede is dit nutteloos vir jou om grimering op te sit, of om modieuse klere te dra, indien jou hart vol jaloesie, haat en verwaandheid is. Meer as enigiets anders, wil God hê dat ons, ons harte reinig en die sonde verwerp.

Evangelisering, omgee vir kerklidmate en kerkbediening is ook alles belangrik. Nogtans, die belangrikste van alles is om God lief te hê, in die lig te wandel,, en al hoe meer soos God te word. Jy moet heilig en volmaak, soos God word.

Aan die een kant, indien jou geesdrif en geloof teenoor God, tans nie uit jou hele hart kom nie, kan dit altyd versleg en dit sal nie God behaag nie. Aan die ander kant, indien hy/sy hulle harte

HEL

reinig, om heilig en gelowig te word, sal die individu se hart 'n aroma uitstraal, wat waarlik God sal behaag.

Verder, ongeag hoeveel jy van God se woord geleer en verstaan, die belangrikste ding is om jou verstand so te in te stel, dat jy ooreenkomstig die woord optree en lewe. Jy moet altyd in gedagte hou dat die ellendige hel bestaan, onthou die suiwering van jou hart, en wanneer die Here Jesus weer kom, sal jy een van die eerstes wees om Hom te omhels.

1 Korintiërs 2:12-14 sê vir ons, "Die Gees wat ons ontvang het, is nie die gees van die wêreld nie, maar die Gees wat van God kom, en daardeur weet ons wat God ons uit genade geskenk het. Dit verkondig ons ook, nie met geleerde woorde wat die menslike wysheid ons leer nie, maar met woorde wat die Gees ons leer. So verklaar ons geestelike dinge aan mense wat die Gees het. Die mens wat nie die Gees van God het nie, aanvaar nie die dinge van die Gees van God nie. Vir hom is dit onsin. Hy kan dit ook nie verstaan nie, omdat dit geestelik beoordeel moet word."

Sonder die werke en hulp van die Heilige Gees, soos deur God aan ons geopenbaar, hoe kan enigiemand van vlees in die wêreld oor geestelike aangeleenthede praat, en dit verstaan?

God het self die getuienis oor die hel onthul, en daarom is elke gedeelte daarvan waar. Strawwe in die hel is so afgryslik, dat in plaas daarvan om alles in die fynste besonderhede te beskryf, het ek slegs 'n paar gevalle van foltering weergegee. Verder, hou in gedagte dat tussen baie mense wie in die Laergraf beland het, is hulle wie eens op 'n tyd gelowig en lojaal teenoor God was.

Indien jy nie goed toegerus is nie, naamlik, sou jy ophou om te bid en jou hart te reinig, sal jy feitlik sekerlik deur Satan versoek word, om God teen te staan, wat uiteindelik daartoe sal lei dat jy in die hel beland.

Ek bid in die naam van die Here dat jy sal begryp hoe skrikwekkend en ellendig die hel is, daarna sal strewe om soveel as moontlik siele te red, vuriglik sal bid, ywerig die evangelie te verkondig, en altyd selfondersoek te doen om volkome saligheid te verkry.

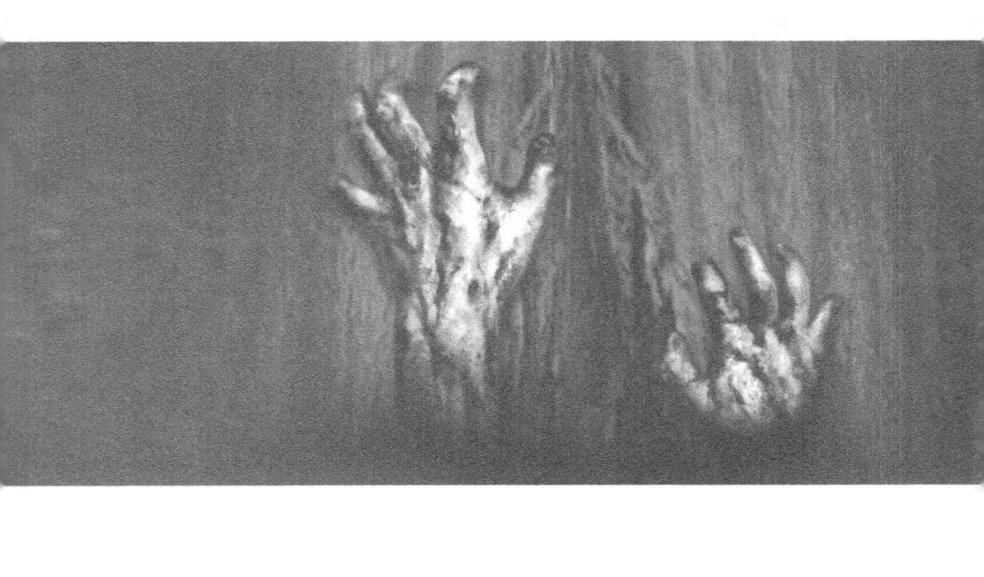

Hoofstuk 7

Saligheid gedurende die Groot Beproewing

1. Christus se Wederkoms en die Verrukking
2. Die Sewe-jaar Groot Beproewing
3. Martelaarskap Gedurende die Groot Beproewing
4. Christus se Tweede Wederkoms en die Millennium
5. Voorbereiding om die Here se Pragtige Bruid te wees

"...evangelie van die koninkryk sal in die hele wêreld ..., sodat al die nasies die getuienis kan hoor. Eers ... sal die einde kom."
(Matteus 24:14)

"'n Derde engel het agter die eerste twee aan gevlieg en hard uitgeroep: "Wie die dier en sy beeld aanbid en 'n merk op sy voorkop of op sy hand aanvaar, sal van die wyn van God se toorn moet drink. Dit word onverdun in die beker van sy oordeel ingeskink. In die teenwoordigheid van die heilige engele en die Lam sal hy met vuur en swael gepynig word. Die rook van hierdie pyniging styg tot in alle ewigheid op, en hierdie mense het dag en nag geen rus nie, hulle wat die dier en sy beeld aanbid, en dié wat die merk van sy naam aanvaar."
(Openbaring 14:9-11)

Wanneer ons deeglik aandag skenk aan vandag se vloei van die geskiedenis, of die voorspellings in die Bybel, dan besef ons dat die tyd ryp is, vir die Here se Wederkoms. Gedurende onlangse jare, was daar verskeie aardbewings en vloede waarvan die omvang slegs, ongeveer elke honderde jare weer plaasvind.

Ter byvoeging, herhaaldelike grootskaalse bosbrande, orkane en siklone laat bane van verwoesting en groot lewensverliese agter. In Afrika en Asië, ly en sterf baie mense as gevolg van die lang droogtes. Baie in die wêreld het die abnormale weer aanskou en ervaar, as gevolg van die uitputting van die osonlaag, "El Niño," "La Niña," en baie ander.

Bowendien, dit wil voorkom of daar net geen einde is, aan oorloë en konflikte onder lande, terrorisme, en ander vorme van geweld. Gruweldade sonder inagneming van die mens se morele waardes, het 'n alledaagse gebeurtenis geword, soos deur die massamedia uitgebeeld.

Sulke verskynsels was reeds deur Jesus Christus twee duisend jaar gelede voorspel, toe Hy gereageer het op Sy dissipels se vraag, "Sê vir ons, wanneer sal hierdie dinge gebeur en wat sal die teken van u koms en van die einde van hierdie wêreld wees?" (Matteus 24:3)

Byvoorbeeld, hoe waar is die volgende verse vandag?

Die een nasie sal teen die ander te staan kom en die een koninkryk teen die ander; daar sal op baie plekke hongersnode en aardbewings wees. Al hierdie dinge is geboortepyne, die begin

HEL

van die nuwe tyd (Matteus 24:7-8).

Daarom, indien jy ware geloof het, sal jy weet dat die dag van Jesus se wederkoms baie naby is, wees gereed soos die vyf verstandige meisies (Matteus 25:1-13). Jy moet nooit verlate wees, soos die vyf onverstandige meisies, wie nie genoeg olie vir hulle lampe saamgeneem het nie.

1. Christus se Wederkoms en die Verrukking

Ongeveer twee duisend jaar gelede, het ons Here Jesus aan die kruis gesterf, op die derde dag weer opgestaan uit die dood, en voor baie mense na die hemel opgevaar. Handelinge1:11 vertel vir ons dat, "Hierdie Jesus wat van julle af na die hemel toe opgeneem is, sal net so terugkom soos julle Hom na die hemel toe sien opgaan het."

Jesus sal op die wolke terugkom

Jesus Christus het die weg na die saligheid geopen, die hemel ingegaan, en sit aan die regterhand van God, waar Hy vir ons plek voorberei. Op die tyd wat God dit verkies, en wanneer ons plekke in die hemel gereed is, sal Jesus terugkom om ons te neem, soos wat Jesus in Johannes 14:3 voorspel het, "En as Ek gegaan het en vir julle plek gereed gemaak het, kom Ek terug en sal julle na My toe neem, sodat julle ook kan wees waar Ek is."

Wat sal die teken van Jesus se wederkoms wees?

1 Tessalonisense 4:16-17 skets 'n toneel waarin Jesus na die aarde vanaf die hemel sal neerdaal, met ontelbare hemelse skare en engele, tesame met hulle wie in Christus gesterf het.

Wanneer die bevel gegee word en die stem van die aardsengel en die trompet van God weerklink, sal die Here self uit die hemel neerdaal. Allereers sal dié wat in Christus gesterf het, uit die dood opstaan, daarna sal ons wat nog lewe, saam met hulle op die wolke weggevoer word, die lug in, die Here tegemoet. En so sal ons altyd by die Here wees.

Hoe heerlik sal dit nie vir Jesus Christus wees om terug te kom op die wolke, terwyl Hy omring en bewaak word, deur baie hemelinge en engele nie! Op daardie stadium, sal al die mense wie deur die geloof gered is, in die lug opgevang wees en die Sewe-jaar Bruiloffees bywoon.

Hulle wie reeds dood is, maar deur Christus gered is, sal eerste opgewek word en in die lug opgevang word, gevolg deur hulle wie met Jesus se wederkoms nog lewe. Hulle liggame sal in onverganklike liggame herskep word.

Die Verrukking en die Sewe-jaar Bruiloffees

"Die verrukking" is 'n gebeurtenis waartydens gelowiges in die lug opgevang sal word. Waar, dan, is "die lug" soos in 1 Tessalonisense 4 genoem?

HEL

Volgens Efesiërs 2:2, wat sê, "Julle het gelewe soos hierdie sondige wêreld en julle laat lei deur die vors van die onsigbare bose magte, die gees wat daar nou aan die werk is in die mense wat aan God ongehoorsaam is," verwys "die lug" na die plek waar die bose magte gesag het.

Maar hierdie plek van die bose geeste dui nie die plek van die Sewe-jaar Bruiloffees aan nie. God ons Vader, berei self die plek van die Bruiloffees voor. Die rede waarom die Bybel die voorbereide plek die "lug" noem, is omdat dit dieselfde plek vir die bose geeste is, omdat die twee plekke in dieselfde ruimte is.

Wanneer jy haastig opkyk in die hemelruim, mag jy dit moeilik vind om te verstaan waar "die lug" – waarin ons Jesus sal ontmoet, en waar die Sewejaar Bruiloffees eintlik gaan plaasvind. Antwoorde op sulke vrae word gevind, in die reeks "Lesings oor Genesis" en die twee-deel reeks getiteld Hemel. Verwys asseblief na daardie boodskappe, omdat dit lewensnoodsaaklik is om die geestelike wêreld korrek te verstaan, tesame met die Bybel soos dit is.

Kan jy jou voorstel hoe gelukkig sal al die gelowiges van Jesus wees, wie hulleself as Sy bruid voorberei het, wanneer hulle uiteindelik hulle bruidegom ontmoet, en die bruiloffees bywoon, wat sewe jaar gaan aanhou?

"Laat ons bly wees en juig en aan Hom die eer gee, want die bruilof van die Lam het aangebreek, en sy bruid het haar daarvoor gereed gemaak. God het haar dit vergun om fyn, helder blink klere aan te trek."Hierdie fyn klere is die regverdige dade van die gelowiges. Toe sê die engel vir my: "Skryf op:

Geseënd is hulle wat na die bruilofsmaal van die Lam uitgenooi is" (Openbaring 19:7-9).

Aan die een kant, daardie gelowiges, wie opgevang is in die lug sal 'n toekenning ontvang, omdat hulle die wêreld oorkom het. Aan die ander kant, hulle wie nie in die lug opgevang is nie, sal ly weens die ongelooflike hoeveelheid beproewinge, deur die bose geeste wie uit die lug na die aarde gedrywe is, wanneer Jesus na die aarde terugkom.

2. Die Sewe-jaar Groot Beproewing

Terwyl gelowiges wie gered is die bruiloffees in die lug saam met Jesus Christus vir sewe jaar sal geniet, hulle vreugde met Hom deel en hulle gelukkige toekoms beplan, sal al daardie wie op die aarde agtergelaat is, beproewinge van 'n ongekende aard vir sewe jaar in die gesig staar, asook onbeskryflike en skrikwekkende rampe die mense tref.

Wêreldoorlog III en die merk van die dier

Gedurende 'n kernoorlog wat op 'n groot skaal gaan kom, Wêreldoorlog III, een derde van alle bome gaan doodbrand, en een derde van die mensdom gaan omkom. Gedurende dieselfde oorlog sal dit moeilik wees om skoon lug in te asem, en skoon water te verkry, as gevolg van geweldige besoedeling. Die pryse van voedselsoorte en noodsaaklikhede gaan die hoogte inskiet.

HEL

Die merk van die dier, "666," sal aangebied word en elkeen sal dit kan ontvang, hetsy op sy/haar regterhand of op die voorkop. Indien 'n individu weier om die merk te ontvang, sal sy/haar identiteit nie gewaarborg word nie, en hy/sy sal nie in staat wees om enige transaksies te doen nie, of om selfs noodsaaklikhede aan te koop nie.

Hy verplig al die mense, klein en groot, ryk en arm, vryes en slawe, om 'n merk op hulle regterhand of op hulle voorkop te dra en laat niemand toe om te koop of te verkoop nie, behalwe die mense wat die merk het. Die merk is die naam van die dier of die getal van sy naam. Hier is wysheid nodig, Wie verstand het, kan die getal van die dier ontsyfer, want dit is 'n mens se getal. Sy getal is ses honderd ses en sestig (Openbaring 13:16-18).

Tussen diegene wie agtergelaat is na die Here se Wederkoms en die Verukking, is mense wie die evangelie gehoor het of die kerk bygewoon het, en nou van God se woord onthou.

Daar is hulle wie opsetlik hulle geloof gestaak het, en ander wie gedink het dat hulle in God glo, wat ook agtergelaat word. Indien hulle die Bybel heelhartig geglo het, sou hulle goeie lewens in Christus gelei het.

In plaas daarvan, was hulle altyd louwarm en het vir hulleself gesê, "Ek sal uitvind of die hemel en die hel bestaan, nadat ek dood is," en dus net nie die soort geloof gehad, wat vir saligheid vereis word nie.

Strawwe vir mense wie die merk van die dier ontvang

Sulke mense besef dat elke woord in die Bybel waar is, nadat hulle die Verrukking aanskou het. Dan is hulle hartseer en ween droewiglik. Vasgevang met groot vrees, begin hulle dan te bely dat hulle nie volgens God se wil gelewe het nie, en soek desperaat na 'n weg tot die saligheid. Verder, omdat hulle weet dat deur die merk van die dier te ontvang, sal hulle hel toe gelei word, en probeer alles om die ontvangs daarvan te vermy. Sefs op hierdie wyse, sal hulle probeer om hulle geloof te bewys.

'n Derde engel het agter die eerste twee aan gevlieg en hard uitgeroep: "Wie die dier en sy beeld aanbid en 'n merk op sy voorkop of op sy hand aanvaar, sal van die wyn van God se toorn moet drink. Dit word onverdun in die beker van sy oordeel ingeskink. In die teenwoordigheid van die heilige engele en die Lam sal hy met vuur en swael gepynig word. Die rook van hierdie pyniging styg tot in alle ewigheid op, en hierdie mense het dag en nag geen rus nie, hulle wat die dier en sy beeld aanbid, en dié wat die merk van sy naam aanvaar." Hier het die gelowiges volharding nodig, hulle wat die gebooie van God nakom en in Jesus bly glo (Openbaring 14:9-12).

Nietemin, dit is nie maklik om die merk van die dier te weier, vernaamlik in 'n wêreld waarin die bose geeste alles totaal oorgeneem het nie. Terselfdertyd, weet die bose geeste dat hierdie mense saligheid sal ontvang, indien hulle die 666 merk

HEL

weier, en die martelaars dood. Dus, sal en kan die bose geeste nie maklik tou opgooi nie.

Gedurende die dae van die vroeë Christelike kerk twee duisend jaar gelede, het baie owerhede dit gemagtig dat vervolgde Christene gekruisig, onthoof, of verban word en as leeuprooi gebruik word. Indien iemand vervolg en op hierdie wyse doodgemaak word, sal ontelbare mense 'n vinnige dood gedurende die Sewe-jaar Groot Beproewing sterf. Nietemin, die bose geeste sal gedurende die sewe-jaar tydperk dit nie maklik maak, vir die mense wat agtergelaat word nie. Die bose geeste sal die mense dwing om Jesus te ontken, op enige wyse wat hulle kan voortbring en teen die mense het. Dit beteken nie dat mense selfmoord kan pleeg om die foltering vry te spring nie, omdat selfmoord tot die hel lei.

Hulle wie martelaars sal word

Ek het alreeds sekere wrede folteringmetodes gemeld, wat deur die bose geeste gebruik word. Gedurende die Groot Beproewing, sal folteringmetodes van bo jou verbeelding, vrylik gebruik word. Bowendien, omdat die foltering feitlik onmoontlik is om te verduur, sal slegs 'n klein aantal mense eintlik gedurende hierdie tydperk saligheid ontvang.

Daarom, almal van ons moet geestelik te alle tye op ons hoede wees, en die soort geloof hê, wat ons in die lug sal opneem tydens Christus se Wederkoms.

Terwyl ek gebid het, het vir my 'n visioen gewys, waarin die mense wie na die Verukking agtergebly het, alle soorte folterings ontvang. Ek het gesien dat die meeste mense nie in staat was om dit te verduur nie, en dan uiteindelik voor die bose geeste geswig het.

Die foltering het gewissel van die afskil van mense se vel, tot die breek en vergruisig van hulle ledemate, die afkap van hulle vingers en tone asook om kokende olie oor hulle uit te gooi. Sommige mense wie hulle eie foltering kan deurstaan, kan dit nie hanteer om te sien hoe hulle bejaarde ouers of kleinkinders ly nie, en daarom het hulle ook maar voor die 666 merk geswig.

Verder, is daar 'n klein aantal regverdige mense, wie al die versoekings en folterings oorkom het. Daardie mense ontvang saligheid. Selfs al is dit skandelike saligheid, en kan hulle die Paradys, wat aan die hemel behoort, ingaan, is hulle nogtans dankbaar dat hulle nie in die hel beland het nie.

Dit is waarom ons verplig is om die boodskap van die hel wêreldwyd te verkondig. Selfs al wil dit voorkom asof die mense nie nou baie aandag daaraan gee nie, indien hulle dit gedurende die Groot Beproewing onthou, sal dit die weg na hulle saligheid baan.

Sommige mense sê hulle sal die martelaarsdood sterf, om die saligheid te bekom, indien die Verrukking werklik plaasvind, en hulle agtergelaat word.

Nietemin, indien hulle nie geloof in hierdie vredestyd het nie, hoe sal hulle moontlik hulle geloof te midde van sulke wrede folterings verdedig? Ons kan nie eers voorspel, wat met ons binne die volgende tien minute gaan gebeur nie. Indien hulle sterf, voordat hulle die geleentheid gekry het om 'n martelaarsdood te sterf, wag die hel op hulle.

3. Martelaarskap gedurende die Groot Beproewing

Om jou te help om die foltering van die Groot Beproewing makliker te verstaan, en jou toe te laat om geestelik op jou hoede te wees, sodat jy dit kan vermy, laat ek dit verder met 'n voorbeeld van 'n siel verduidelik.

Vandat hierdie vrou God se oorvloedige genade ontvang het, kon sy groot, heerlike en selfs verborge dinge omtrent God sien en hoor. Nogtans, was haar hart met boosheid gevul, en sy was kleingelowig.

Met sulke gawes van God het sy belangrike pligte uitgevoer, sy het 'n beslissende rol in die uitbreiding van God se koninkryk gespeel, en dikwels God deur haar dade verheerlik. Dit is maklik vir mense om aan te neem, "Daardie mense met belangrike pligte in die kerk, moet mans en vroue met groot geloof wees!"

Nogtans, dit is nie noodwendig waar nie. Vanaf God se siening, is daar ontelbare gelowiges wie se geloof eintlik alles behalwe "groot" is. God meet nie vleeslike geloof nie, maar slegs geestelike geloof.

God verkies geestelike geloof

Laat ons kortliks "geestelike geloof" ondersoek, aan die hand van die geval waar die Israeliete uit Egipte bevry is. Die Israeliete het God se Tien Plae aanskou en ervaar. Hulle het gesien dat die Rooi See in twee verdeel, en Farao en sy krygsmanne daarin verdrink. Hulle het God se leiding met die wolkbedekking in die dag, en die vuur in die nag ervaar. Elke dag het hulle manna uit die hemel geëet, die stem van God in die wolke gehoor, en Sy werke met die vuur aanskou. Hulle het water gedrink wat uit 'n rots gekom het, nadat Moses dit geslaan het, en bitter water wat by Mara in vars water verander het. Selfs, alhoewel hulle die lewende God se werke en tekens herhaaldelik ervaar het, was hulle geloof nie behaaglik of vir God aanvaarbaar nie. Dus, kon hulle nie die Beloofde Land van Kanaan op die einde ingaan nie (Numeri 20:12).

Aan die een kant, jou geloof sonder dade, ongeag hoeveel jy van God se woord weet, en Sy werke en wonderwerke gesien en gehoor het, is nie ware geloof nie. Aan die ander kant, indien ons geestelike geloof bekom, sal ons nie ophou om God se woord te leer nie; ons sal gehoorsaam teenoor die woord word, ons harte reinig, en enige soort kwaad vermy. Ongeag of ons "groot" of "klein" gelowig is, sal ons vasbeslote wees tot die mate waartoe ons aan God se woord gehoorsaam is, optree en volgens dit lewe, en met God se hart ooeenstem.

Herhaaldelik ongehoorsaam weens verwaandheid

Aangaande hierdie aspek, was die vrou kleingelowig. Sy het probeer om haar hart vir 'n tydperk te reinig, maar kon nie volkome daarin slaag om die boosheid te staak nie. Ter aanvulling, omdat sy in 'n posisie was om die woord van God te verkondig, het sy al hoe meer verwaand geraak.

Die vrou was onder die indruk, dat sy ware en groot geloof gehad het. Sy het so ver gegaan, as om te dink dat God se wil nie vervul kon word, sonder haar teenwoordigheid of bystand nie.

HEL

Toenemend, in plaas daarvan om aan God die eer te gee vir haar God-gegewe gawes, wou sy eerder die krediet vir haarself neem. Verder, het sy God se eiendom tot haar beskikking geneem, in 'n poging om haar sondige natuur se begeertes te bevredig.

Sy het voortgegaan om herhaaldelik ongehoorsaam te wees. Selfs al het sy geweet dit is God se wil dat sy oos moes gaan, het sy wes gegaan. Die wyse waarop God vir Saul, die eerste koning van Israel, herroep het, as gevolg van sy ongehoorsaamheid (1 Samuel 15:22-23), selfs al was mense eens op 'n tyd deur God gebruik, om Sy koninkryk te vervul en uit te brei, sal herhaaldelike ongehoorsaamheid God aanpor, om Sy gesig van hulle afweg te draai.

Omdat die vrou die woord geken het, was sy bewus van haar sondes, en het dit harhaaldelik berou. Nogtans, haar gebed van berou was slegs met haar lippe, en nie uit haar hart nie. Sy het dieselfde sondes herhaaldelik gepleeg, en daarmee die sondemuur tussen God en haaself net verhoog.

2 Petrus 2:22 sê vir ons, "Van hulle is die spreekwoorde waar: 'n Hond gaan terug na sy braaksel toe en: 'n vark wat gewas is, gaan rol weer in die modder." Nadat sy berou oor haar sondes gehad het, het sy dieselfde sondes oor en oor gepleeg.

Aan die einde, omdat sy vasgevang was in haar eie verwaandheid, gulsigheid en ontelbare sondes, het God Sy gesig van haar af weggedraai, en het sy uiteindelik 'n instrument van Satan geword, wie God teengestaan het.

Wanneer die finale geleentheid vir berou gegee word

Oor die algemeen, hulle wie teen die Heilige Gees praat, of teenstaan, of laster, kan nie vergewe word nie. Nooit weer sal hulle 'n geleentheid ontvang om berou te hê nie, en hulle sal in die Laergraf opeindig.

Nogtans, is daar iets verskillend omtrent hierdie vrou. Ten spyte van al die sondes en kwaad wat God oor en oor onstel het, het Hy tog vir haar een laaste geleentheid gegee om berou te toon. Die rede daarvoor is, omdat hierdie vrou eens op 'n tyd God se onskatbare instrument vir Sy koninkryk was. Selfs al het die vrou haar pligte gestaak, en die beloftes van vreugde en toekennings in die hemel verbeur, omdat sy God grootliks verheerlik het, gee Hy haar een laaste geleentheid.

Sy staan God steeds teen, en die Heilige Gees binne haar het uitgeblus geraak. Nogtans, deur God se spesiale genade, het die vrou een laaste geleentheid om berou te toon, en saligheid gedurende die Groot Beproewing, deur martelaarskap te ontvang.

Haar gedagtes is steeds deur Satan se beheer vasgevang, maar na die Verrukking, sal sy tot haar gesonde verstand kom. Omdat sy die woord van God so goed verstaan, is sy bewus van die pad vorentoe. Nadat sy besef het dat die enigste manier om saligheid te verkry, is deur martelaarskap, sal sy volkome berou toon, rondom Christene wie agtergelaat is vergader, aanbid, verheerlik en saam met hulle bid, terwyl sy vir haar martelaarskap voorberei.

HEL

Martelaars dood en skandelike saligheid

Wanneer die tyd aangebreek het, sal sy weier om die 666 merk te ontvang, en naderhand deur hulle wie deur Satan beheer word, weggeneem word, om gefolter te word. Hulle sal haar vel, laag vir laag afskil. Hulle skroei selfs die sagste en mees private dele van haar liggaam met vuur. Hulle sal 'n metode ontwerp vir haar foltering, wat die pynlikste is, en die langste duur. Spoedig sal die vertrek met die reuk van brandende vlees gevul wees. Haar liggaam is van kop tot tone met bloed besmeer, haar kop wys afwaarts, en haar gesig is donkerblou, soos die van 'n lyk, gekleur.

Indien sy die foltering tot die einde kan verduur, ongeag haar ontelbare sondes en kwaad van die verlede, sal sy ten minste die skandelike saligheid ontvang, en die Paradys ingaan. In die Paradys, die buitewyke van die hemel, en die verste plek weg van die Troon van God, sal die vrou treur en huil oor haar dade, terwyl sy nog gelewe het. Natuurlik, sal sy dankbaar en verheug wees, omdat sy gered is. Nietemin, vir baie jare om te kom, sal sy berou hê en na Nuwe Jerusalem verlang, deur te sê, "Indien ek maar net opgehou het om te sondig, en God se pligte heelhartig uitgevoer het, sou ek in die heerlikste plek in Nuwe Jerusalem gewees het..." Wanneer sy mense sien wie in Nuwe Jerusalem woon, weet sy in hierdie lewe dat sy altyd skaam, en verleë sal voel.

Indien sy die 666 merk ontvang

Indien sy nie die foltering kan verduur nie, en die merk van die dier onvang, voor die Millennium, sal sy in die Laergraf gegooi word, om gestraf te word, deur gekruisig te word, aan 'n kruis aan die regter agterkant van Judas Iskariot. Haar strawwe in die Laergraf is die herhaling van die foltering, wat sy gedurende die Groot Beproewing ontvang het. Meer as 'n duisend jaar lank, sal die vel van haar liggaam afgeskil word, en herhaaldelik met vuur geskroei word.

Die boodskappers van die hel en hulle wie sonde gedoen het, deur die vrou na te volg, sal haar folter. Hulle word ook ooreenkomstig hulle sondige dade gestraf, en gee uiting aan hulle gevoelens, deur hulle pyn en toorn op haar uit te haal.

Hulle word op hierdie wyse, tot aan die einde van hierdie Millennium, in die Laergraf gestraf. Na die Oordeel, sal daardie siele in die hel met vuur en swael brand, waar erger strawwe op hulle wag.

4. Christus se Tweede Wederkoms en die Millennium

Soos bo vermeld, sal Jesus Christus weer op die wolke kom, en hulle wie saam opgeneem word, sal 'n sewe-jaar bruiloffees saam met Hom geniet, terwyl die Groot Beproewing van die bose geeste onderweg is, nadat hulle uit die lug verdryf is.

Dan, sal Jesus Christus na die aarde terugkeer, en die Millennium begin. Die bose geeste sal gedurende hierdie tyd, tot die bodemlose poel beperk wees. Hulle wie die Sewe-jaar bruiloffees bygewoon het, en hulle wie 'n martelaars dood gedurende die Groot Beproewing gesterf het, regeer oor die aarde en deel vir 'n duisend jaar liefde met Jesus Christus.

Geseënd en heilig is dié wat aan die eerste opstanding deel het. Oor hulle het die tweede dood geen mag nie, maar hulle sal priesters van God en van Christus wees en sal saam met Hom die duisend jaar lank regeer (Openbaring 20: 6).

'n Klein hoeveelheid vleeslike mense wie die Groot Beproewing oorleef het, sal ook gedurende die Millennium op die aarde woon. Nogtans, hulle wie reeds gesterf het, sonder om die saligheid te ontvang, sal in die Laergraf aanhoudend gestraf word.

Die Millennium Koninkryk

Wanneer die Millennium aanbreek, sal die mense 'n vreedsame lewe geniet, soos in die dae van die Tuin van Eden, omdat daar geen bose geeste is nie. Jesus Christus en die wie gered is, woon in 'n stad soortgelyk as die van konings, afsonderlik van die mense van vlees. Geestelike mense woon in die stad, terwyl mense van vlees wie die Groot Beproewing oorleef het, buitekant hierdie stad woon.

Voor die Millennium, sal Jesus Christus die aarde reinig. Hy suiwer die besoedelde lug, vernuwe die bome, plante, berge en strome. Hy skep 'n pragtige omgewing.

Die mense van die vlees strewe daarna om soveel as moontlik

geboorte te skenk, omdat daar slegs 'n paar van hulle oor is. Skoon lug en die afwesigheid van die bose geeste, laat geen ruimte vir siektes en sonde nie. Ongeregtigheid en sonde in die harte van die mense van vlees, word nie gedurende hierdie tyd blootgelê nie, omdat in die bodemlose poel word die bose geeste, in wie sonde voorkom, gevange gehou.

Soos in die dae voor Noag, leef mense honderde jare. Die aarde is spoedig gevul met ontelbare mense, vir 'n duisend jaar. Mense eet nie vleis nie, maar vrugte, omdat daar geen vernietiging van lewe is nie.

Verder, sal dit baie tyd neem om by die vlak van vandag se gevorderde wetenskap te kom, omdat gedurende die Groot Beproewing sal baie van die beskawing vernietig wees. Met die verloop van tyd, sal die vlak van hulle beskawing dalk die van vandag bereik, soos wat hulle wysheid en kennis vermeerder.

Geestelike mense en vleeslike mense woon saam

Dit is nie nodig vir geestelike mense, wie saam met Jesus Christus op die aarde lewe, om soos vleeslike mense te eet nie, omdat die liggame van die voormalige groep reeds na wederopstandige, geestelike liggame, herskep is. Hulle gebruik gewoonlik die geur van blomme, ensovoorts, maar indien dit hul wens is, mag hulle dieselfde voedsel as die mense van vlees gebruik. Nietemin, geestelike mense geniet nie natuurlike voedsel nie, en selfs al eet hulle dit, skei hulle nie afvalstowwe uit, soos mense van vlees nie. Soos wat die opgewekte Jesus asem gehaal het, nadat hy 'n stuk vis geëet het, so vergaan die voedsel wat geestelike mense gebruik, deur middel van asemhaling.

Die geestelike mense verkondig en getuig Jesus Christus aan die vleeslike mense, sodat hulle aan die einde van die Millennium, wanneer die bose geeste in opdrag uit die bodemlose poel vrygelaat word, nie weer versoek word nie. Die tyd is voor die Oordeel, dus het God nie die bose geeste permanent in die bodemlose poel gevange gehou nie, maar slegs vir 'n duisend jaar (Openbaring 20:3).

Aan die einde van die Millennium

Wanneer die Millennium eindig, word die bose geeste wie vir een duisend jaar in die bodemlose poel gevange gehou was, kortstondig vrygelaat. Hulle begin dan om die mense van vlees, wie in vrede gelewe het, te versoek en te mislei. Die meeste mense van vlees word versoek en mislei, ongeag hoeveel die geestelike mense hulle daarteen gewaarsku het. Alhoewel die geestelike mense in die fynste besonderhede vir hulle gewaarsku het van wat gaan kom, nietemin is mense van die vlees versoek, en beplan hulle om teen die geestelike mense oorlog te voer.

Wanneer die duisend jaar om is, sal die Satan uit sy gevangeskap losgelaat word. Dan sal hy gaan om die nasies wat tussen die vier uithoeke van die aarde is, die Gog en die Magog, te verlei, en om hulle byeen te bring vir die oorlog. Hulle is so baie soos die sand van die see. Hulle het oor die hele oppervlakte van die aarde aangekom en die laer van die gelowiges en die geliefde stad omsingel. Toe het daar vuur van die hemel af gekom en hulle verteer (Openbaring 20:7-9).

Nogtans, God sal die mense van vlees, wie oorlog beplan, met vuur vernietig en sal die bose geeste, wat kortstondig losgelaat was, terug in die bodemlose poel, na die Oordeel van die Groot Wit Troon, plaas.

Aan die einde, die mense van vlees wie in getalle vermeerder het, gedurende die Millennium, sal ook ooreenkomstig God se regverdigheid, beoordeel word. Aan die een kant, al die mense wie nie saligheid ontvang het nie – tussen hulle is die wie die Sewe-jaar van Groot Beproewing oorleef het – word in die hel gegooi. Aan die ander kant, hulle wie wel saligheid ontvang het, sal die hemel ingaan, en ooreenkomstig hulle geloof sal hulle in verskillende plekke in die hemel geplaas word, d.i. Nuwe Jerusalem, Paradys ensovoorts.

Na die Oordeel van die Groot Wit Troon sal die geestelike wêreld in twee dele, naamlik die hemel en die hel verdeel wees. Hieroor, sal ek in die volgende hoofstuk verder verduidelik.

5. Voorbereiding om die Here se Pragtige Bruid te wees

Om te voorkom dat jy tydens die Groot beproewing agter gelaat word, moet jy jouself voorberei om Jesus Christus se pragtige bruid te wees, om Hom tydens Sy Wederkoms te ontmoet.

Matteus 25:1-13 se gelykenis van die tien maagde, dien as 'n groot les vir alle gelowiges. Selfs al sou jy jou geloof in God bely, sal jy nie daartoe in staat wees om jou bruidegom, Jesus Christus, te ontmoet, indien jy nie vir genoegsame olie vir jou lamp gesorg het nie. Vyf maagde het vir genoeg olie gesorg, sodat hulle hul bruidegom kon ontmoet, en die bruiloffees kon bywoon. Die ander vyf maagde het nie vir genoeg olie voorberei nie, derhalwe kon hulle nie deel van die feesmaal wees nie.

Hoe, kan ons, ons dan soos die vyf wyse maagde voorberei, om die bruid van die Here te word, om sodoende te verhoed dat ons tydens die Groot Beproewing tot 'n val kom, maar in plaas daarvan, eerder aan die Bruiloffees deelneem?

Bid ywerig en wees waaksaam

Selfs al is jy 'n nuwe gelowige met min geloof, solank as wat jy probeer om jou hart te reinig, sal God jou bewaar selfs tydens die ergste beproewinge. Ongeag hoe moeilik die omstandighede mag wees, God sal jou in 'n kombers van die lewe toedraai, en jou enige beproewing met gemak laat oorkom.

Nietemin, God kan nie hulle wie vir 'n lang tydperk gelowiges was en die God-gegewe pligte uitgevoer het, en die meerderheid van God se woord ken, beskerm nie, indien hulle ophou om te bid, en ophou om die reiniging van hulle harte te begeer en te bewonder.

Wanneer jy probleme ondervind, moet jy in staat wees om die stem van die Heilige Gees te onderskei, sodat jy die probleme kan oorkom. Nogtans, indien jy nie bid nie, hoe kan jy na die stem van die Heilige Gees luister en 'n oorwinnings lewe lei?

Indien jy nie volkome met die Heilige Gees gevul is nie, sal jy toenemend op jou eie gedagtes staatmaak en dikwels struikel, en deur Satan versoek word.

Verder, nou dat ons die eindtyd nader, loop die bose geeste soos brullende leeus rond, opsoek na iemand om te verslind, omdat hulle weet dat hulle einde ook naby is. Ons sien dikwels 'n lui student wie baie van sy/haar slaap inboet, deur kort voor die eksamen baie kennis te wil inpomp, deur te blok. Net so, indien jy 'n gelowige is wie daarop bedag is dat ons die eindtyd nader, moet jy waaksaam wees en jouself as 'n pragtige bruid van die Here voorberei.

Staak sonde en word die Here se ewebeeld

Watter soort mense is voortdurend waaksaam? Hulle bid altyd, is altyd vol van die Heilige Gees, glo in die woord van God en leef ooreenkomstig Sy woord.

Wanneer jy al die tyd waaksaam bly, sal jy gedurig met God kommunikeer, dus kan jy nie deur die bose geeste versoek word nie. Ter byvoeging, jy kan maklik enige beproewinge oorkom, omdat die Heilige Gees jou altyd byvoorbaat bewus maak van dinge wat gaan kom, jou die pad aanwys, en jou die woord van die waarheid laat besef.

Nietemin, hulle wie nie waaksaam is nie, kan nie die stem van die Heilige Gees hoor nie en word maklik deur Satan versoek, en volg die weg van die dood. Om waaksaam te bly, is om jou hart te reinig, op te tree ooreenkomstig die woord van God en om heilig te word.

Openbaring 22:14 sê vir ons dat, "Geseënd is dié wat hulle klere was, sodat hulle reg hê op die boom van die lewe en deur die poorte in die stad kan ingaan." In hierdie gedeelte, verwys "klere" na formele drag. Geestelik verwys "klere" na jou hart en jou gedrag. Om "jou klere te was" simboliseer om die sonde te verwerp en God se woord te volg, om geestelik te word, en al meer soos Jesus Christus se ewebeeld te word. Hulle wie op hierdie wyse heilig word, verdien die reg om die hekke na die hemel in te gaan, en 'n ewige lewe te geniet.

Mense wie hulle klere in geloof was

Hoe kan ons, ons klere deeglik was? Jy moet eerstens jou hart reinig met die woord van waarheid, en ywerig bid. Met ander woorde, jy moet van alle onwaarhede en sonde in jou hart ontslae raak, en dit slegs met die waarheid vul. Net soos wat jy vuilheid van jou klere met skoon water afwas, moet jy die vuil sondes, wetteloosheid en kwaad in jou hart met God se woord, die water van die lewe, afwas, en die klere van die waarheid aantrek, om sodoende die ewebeeld van Jesus Christus se hart te bekom. God sal enigeen seën wie sy geloof inderdaad vertoon, en sy/haar hart reinig.

Openbaring 3:5 sê vir ons, "Elkeen wat die oorwinning behaal, sal sulke wit klere dra. Ek sal nooit sy naam uit die boek van die lewe uithaal nie, en Ek sal voor my Vader en voor sy engele verklaar dat hy aan My behoort." Mense wie die wêreld in geloof oorkom, en in die waarheid wandel, sal die ewige lewe in die hemel geniet, omdat hulle 'n hart van die waarheid besit, en geen kwaad kan in hulle gevind word nie.

In plaas daarvan, mense wie in die duisternis woon, het niks met God te doen nie, ongeag hoe lank hulle Christene was, omdat hulle sekerlik 'n naam het is hulle lewend, maar inderwaarheid is hulle dood (Openbaring 3:1). Daarom, plaas altyd jou hoop op God, wie ons nie volgens ons voorkoms beoordeel nie, maar slegs ons harte ondersoek, asook ons dade. Jy moet ook altyd bid en die woord van God gehoorsaam, sodat jy die volkome saligheid kan verkry.

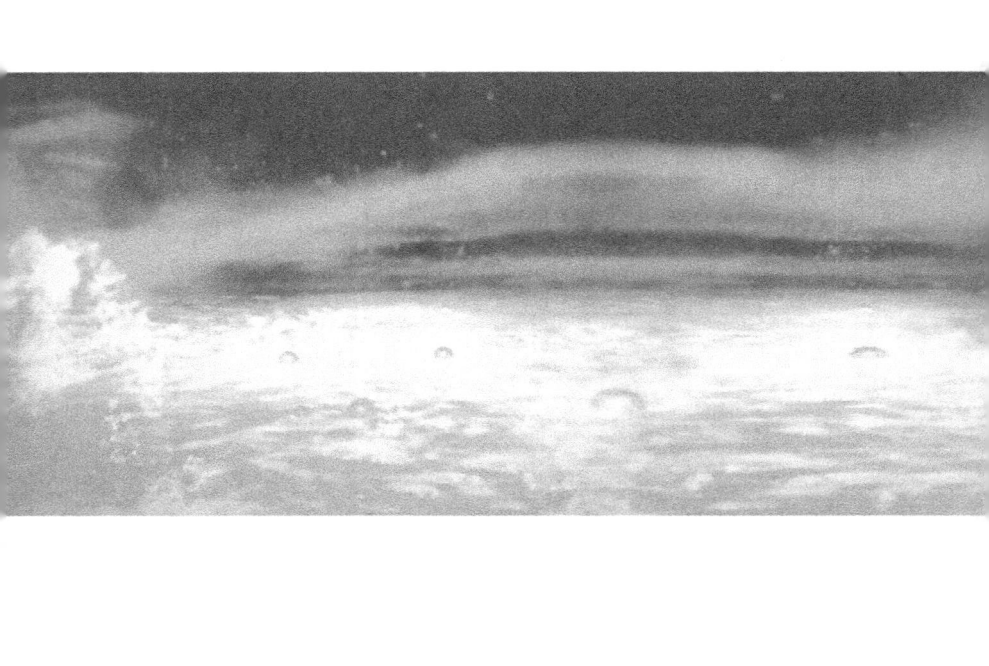

Hoofstuk 8

Strawwe in die Hel na die Groot Oordeel

1. Ongeredde Siele Beland in die Hel na die Oordeel
2. Die Vuurpoel en die Poel met Brandende Swael
3. Sommiges Bly in die Laergraf Selfs Na die Oordeel
4. Duiwelse Geeste sal Vasgevang word in die Bodemlose Poel
5. Waar Sal die Bose Geeste Opëindig?

"Daar in die hel, gaan die wurms nie dood nie, en word die vuur nie uitgeblus nie. Almal sal met die vuur van beproewing gelouter word."
(Markus 9:48-49)

"Die duiwel wat hulle verlei het, is in die poel van vuur en swael gegooi, daar waar die dier en die vals profeet ook is. Hulle sal dag en nag gepynig word tot in alle ewigheid."
(Openbaring 20:10)

Met Christus se Wederkoms begin die Millennium op hierdie aarde, en na dit sal die Oordeel van die Groot Wit Troon volg. Die Oordeel – wat sal bepaal hemel of hel, en belonings of strawwe – sal elkeen beoordeel, ooreenkomstig wat hy/sy in hierdie lewe gedoen het. Dus, sommiges sal ewige vreugde in die hemel geniet, terwyl ander vir ewig in die hel gestraf sal word. Laat ons in die Oordeel van die Groot Wit Troon delf, waardeur hemel of hel bepaal word, en watter soort plek die hel werklik is.

1. Ongeredde Siele Beland in die Hel na die Oordeel

In Julie 1982, terwyl ek gebid het, ter voorbereiding vir die aanvang van my evangeliebediening, het ek breedvoerig omtrent die Oordeel van die Groot Wit Troon geleer. God het vir my 'n toneel gewys, waar Hy op Sy Troon gesit het, die Here Jesus Christus en Moses het voor die Troon gestaan, en hulle wie die rol van die jurie vertolk het. Alhoewel God akkuraat en regverdig oordeel, nie vergelykbaar met enige ander regters in die land nie, sal Hy uitsprake lewer met Jesus Christus as 'n regsverteenwoordiger met liefde, en Moses as 'n aanklaer van die Wet, en die mense as jurielede.

Strawwe in die hel word by die Oordeel bepaal

Openbaring 20:11-15 vertel vir ons hoe God met akkuraatheid en regverdigheid beoordeel. Die Oordeel word uitgevoer aan die hand van die Boek van die Lewe, waarin die name van die geredde persone opgeteken is, en die boeke waarin elke persoon se dade saamgevat is.

Toe het ek 'n groot wit troon gesien en die Een wat daarop sit. Die aarde en die hemel het voor Hom padgegee, en daar was nie meer plek vir hulle nie. Ek het die dooies, groot en klein, voor die troon sien staan, en die boeke is oopgemaak. Daar is ook 'n ander boek oopgemaak, dit is die boek van die lewe. Die dooies is toe geoordeel volgens wat daar in die boeke geskrywe staan oor alles wat hulle gedoen het. Die see het die dooies teruggegee wat daarin was, en die dood en die doderyk het die dooies teruggegee wat in hulle was, en oor elkeen is geoordeel volgens wat hy gedoen het. Toe is die dood en die doderyk in die vuurpoel gegooi. Dit is die tweede dood, die vuurpoel. As daar gevind is dat iemand se naam nie in die boek van die lewe geskrywe staan nie, is hy in die vuurpoel gegooi.

"Die dooies" hier, verwys na diegene wie nie vir Christus as hulle Verlosser aangeneem het nie, of wie dooie geloof het. Wanneer God die regte tyd kies vir Sy Wederkoms, sal die "dooies" opstaan en voor die Troon van God verskyn, om geoordeel te word. Die Boek van die Lewe word voor die Troon van God geopen.

Behalwe die Boek van die Lewe, waarin al die name van die geredde mense in opgeteken is, is daar ook ander boeke waarin alle dade van die dooies in aangeteken is. Die engele boekstaaf alles wat ons doen, sê, en dink, d.i. om ander te vervloek, iemand slaan, woedebuie kry, goed doen ensovoorts. Net soos wat jy duidelike verslae van sekere gebeurtenisse en gesprekke vir lang periodes met videokameras of ander verskeie opnemers kan vaslê, bewaar God die Almagtige elke toneel van ons lewens op hierdie aarde.

Dus, God sal ons regverdig oordeel, op die Oordeelsdag, aan die hand van hierdie boeke. Hulle wie nie gered is, sal geoordeel word ooreenkomstig hulle sondige dade, en sal verskeie soorte strawwe vir ewig in die hel ontvang, afhangende van die ernstigheid van hulle sondes.

Die vuurpoel en brandende swael

Die gedeelte "die see het die dooies teruggegee wat daarin was" beteken nie dat die see hulle wie daarin verdrink het, terugegee het nie. "Die see" verwys hier geestelik na die wêreld. Dit beteken dat hulle wie in die wêreld lewe, en na stof terugkeer, sal opgewek word om sodoende voor God geoordeel te word.

Wat, dan, beteken dit om te sê, "Dood en Doderyk gee terug die dooies wat in julle is"? Dit beteken dat hulle wie in die Laergraf, wat ook as die Doderyk bekend is, gely het, sal ook opgewek word om voor God te verskyn, om veroordeel te word. Nadat die veroordeling van God, sal die meeste van hulle wie in die Laergraf gely het, in die vuurpoel en brandende swael gegooi word, ooreenkomstig die ernstigheid van hulle sondes, omdat soos reeds gemeld, die strawwe in die Laergraf word uitgevoer, totdat die Oordeel van die Groot Wit Troon plaasvind.

Maar dié wat bang en ontrou geword het, die losbandiges, moordenaars en onsedelikes, bedrieërs en afgodsdienaars en al die leuenaars, hulle lot is die poel wat met vuur en swael brand, dit is die tweede dood (Openbaring 21:8).

Strawwe in die vuurpoel kan nie met dit van die Laergraf vergelyk word nie. Dit word in Markus 9:47-49 so beskryf, "En as jou oog jou van My afvallig laat word, pluk hom uit! Dit is beter dat jy met een oog die koninkryk van God ingaan as dat jy altwee oë het en in die hel gegooi word. Daar gaan die wurms nie dood nie en word die vuur nie uitgeblus nie. Almal sal met die vuur van beproewing gelouter word." Verder, die poel met brandende swael is sewe maal warmer as die vuurpoel.

Tot die Oordeel, word mense deur insekte en diere stukkend geskeur, deur die boodskappers van die hel gefolter, of ly as gevolg van verskeie soorte strawwe in die Laergraf, wat dien as die wagplek en roete na die hel. Na die Oordeel sal slegs die pyn van die vuurpoel en brandende swael oorbly.

Doodsangs in die vuurpoel en brandende swael

Met die lewering van die boodskappe rakende hierdie afgryslike tonele van die Laergraf, het baie van my kerklidmate dit moeilik gevind om hulle trane te bedwing, of het gesidder en geween oor hulle wie in so 'n aaklige plek is. Nietemin, lyding as gevolg van strawwe in die vuurpoel en brandende swael, is baie erger as enige straf in die Laergraf. Kan jy jou net 'n klein bietjie voorstel, van die omvang van die foltering? Selfs al probeer ons, is daar 'n beperking vir ons, wie nog vleeslik is, om geestelike begrippe te verstaan.

Op dieselfde manier, hoe kan ons moontlik die vreugde en skoonheid van die hemel tot die volle omvang, verstaan? Die woord "ewigheid" is selfs iets waarmee ons nie vertroud is nie, en ons word gedwing om dit grotendeels te veronderstel. Selfs indien ons probeer om die lewe in die hemel, gebaseer op grond van "blydskap," "vreugde," "betowering," "skoonheid," ensovoorts voor te stel, is dit nog nie vergelykbaar met die werklike lewe eendag in die hemel nie. Wanneer jy eintlik eendag hemel toe gaan, alles met jou eie oë waarneem en die lewe daar ervaar, sal jou mond oophang, terwyl jy sprakeloos sal wees. Eweneens, tensy ons eintlik die foltering in die hel ervaar, kan ons nooit ten volle die omvang en hoeveelheid lyding begryp, wat verby die perke van hierdie wêreld strek nie.

Hulle wie in die vuurpoel en brandende swael beland

Alhoewel ek my beste gaan probeer, hou in gedagte dat die hel nie 'n plek is, wat voldoende deur woorde van hierdie wêreld beskryf kan word nie, en al sal ek dit na die beste van my vermoë doen, sal my beskrywing minder as een miljoenste van die grusame werklikheid van die hel wees. Verder, wanneer hulle onthou dat die lengte van die foltering nie beperk is nie, maar vir ewig gaan aanhou, word die veroordeelde siel gedwing om langer te ly.

Na die Oordeel van die Groot Wit Troon, sal hulle wie die eerste en tweede strafvlakke in die Laergraf ontvang het, in die vuurpoel gegooi word. Hulle wie die derde en vierde strafvlakke ontvang het, sal in die poel met brandende swael gegooi word. Siele wie huidiglik in die Laergraf is, weet dat die Oordeel nog moet plaasvind, en hulle weet waar hulle na die Oordeel gaan wees. Selfs al is hulle deur die insekte en boodskappers van die hel verskeur, kan hierdie siele die vuurpoel en brandende swael

HEL

op 'n afstand in die hel sien, en besef al te goed dat dit die plek is waar hulle gestraf gaan word.

Dus, die siele in die Laergraf ly nie net weens hulle huidige pyn nie, maar ook as gevolg van die geestelike foltering in vrees, oor die dinge wat na die Oordeel gaan kom.

'n Roepstem van 'n treurlied ten opsigte van 'n siel in die Laergraf

Terwyl ek tot die Heilige Gees gebid het, vir die openbaringe van die hel, het God my toegelaat om die roepstem van 'n treurlied, ten opsigte van 'n siel in die Laergraf te hoor. Met die aanhoor van elke woord van die treurlied, probeer om 'n bietjie van die vrees en wanhoop wat hierdie siel verswelg, te ervaar.

> Hoe kan dit die gedaante van 'n mens wees?
> Dit is nie hoe ek op die aarde gelyk het nie.
> My voorkoms hier is verskriklik en weersinwekkend!

> Tydens hierdie eindlose pyn en wanhoop,
> Hoe kan ek bevry word?
> Wat kan ek doen om hiervan te ontsnap?
> Kan ek sterf? Wat kan ek doen?
> Kan ek net vir 'n wyle rus kry
> in die middel van hierdie ewigdurende straf?
> Is daar 'n manier om hierdie vervloekte lewe te stop
> van hierdie ondraaglike pyn?

> Ek het myself beseer om te sterf, maar ek sterf nie.

Daar is geen einde...daar is geen einde...
Daar is geen einde aan my siel se foltering.
Daar is geen einde aan my blywende lewe nie.
Hoe kan ek dit met woorde beskryf?
Ek sal spoedig gegooi word
in 'n wye en bodemlose vuurpoel.
Hoe gaan ek dit verduur?

Foltering is ondraaglik soos dit is!
Daardie woeste vuurpoel is
so skrikwekkend, so diep en so warm.
Hoe gaan ek dit verduur?
Hoe kan ek van dit ontvlug?
Hoe kan ek moontlik van die foltering ontvlug?

Indien ek net kon lewe...
Indien daar net vir my 'n wyse was om te lewe...
Indien ek net bevry kon word...
Kon ek minstens vir 'n uitweg gesoek het,
maar ek kan dit nie sien nie.

Daar is net duisternis, wanhoop en pyn hier,
En daar is slegs frustrasie en ontberings vir my.
Hoe gaan ek hierdie foltering verduur?
Indien Hy die deur van die lewe wou open...
Indien ek net 'n uitweg hieruit kon sien...

Red my asseblief. Red my asseblief.
Dit is te vreeslik en moeilik vir my om te verduur.

HEL

Red my asseblief. Red my asseblief.
My dae tot dusver was pynlik en skadelik.
Hoe gaan ek in daardie gloeiende poel?
Red my asseblief!
Kyk asseblief na my!
Red my asseblief!
Wees my asseblief genadig!
Red my asseblief!
Red my asseblief!

Eens wanneer jy in die Laergraf gegooi is

Aan die einde van die lewe op die aarde, ontvang niemand "'n tweede kans" nie. Slegs die dra van die las van al jou dade, wag vir jou.

Wanneer mense hoor van die hemel en die hel se bestaan, sê sommiges, "Ek sal na die dood uitvind." Nietemin, wanneer jy dood is, is dit te laat. Omdat daar geen terugkeer bestaan wanneer jy dood is nie, moet jy dit vir seker weet, voordat jy doodgaan.

Eens wanneer jy in die Laergraf gegooi is, ongeag hoe spyt jy is, berou het, en by God smeek, kan jy nie die onvermydelike en aaklige strawwe vermy nie. Daar is geen hoop op die toekoms nie, maar slegs die eindelose foltering en wanhoop.

Die siel wie so geweeklag het soos hierbo, weet al te goed dat daar geen weg of moontlikheid van saligheid bestaan nie. Nieteenstaande, die siel roep tot God, "net vir ingeval." Die siel smeek om genade en vir saligheid. Hierdie siel se roepstem verander na skerp huil-huil gepraat, en hierdie geskreeu dwarrel rond in die uitgestrektheid van die hel en verdwyn. Natuurlik, is daar geen reaksie nie.

Nogtans, die berou van die mense in die Laergraf is nie opreg en ernstig nie, selfs al wil dit blyk dat hulle so jammerlik berou toon. Omdat die sondigheid steeds in hulle harte aanwesig is, en hulle weet dat hulle geskreeu nutteloos is, straal hulle nog meer kwaad uit, en God word vervloek. Dit wys vir ons waarom sulke individue in die eerste plek nie die hemel kan ingaan nie.

2. Die Vuurpoel en die Poel met Brandende Swael

In die Laergraf kan die siele minstens smeek, verwyt en treur, deur hulself te vra, "Waarom is ek hier?" Hulle vrees ook die vuurpoel en oorweeg maniere om van die foltering te ontsnap, deur te dink, 'Nou, hoe kan ek van die boodskapper van die hel wegvlug?'

Nadat hulle eers in die vuurpoel gegooi is, kan hulle aan niks anders dink nie, as gevolg van die doodsangs en die eindelose pyn. Strawwe in die Laergraf is relatief lig, in vergelyking met die van die vuurpoel. Strawwe in die vuurpoel is ondenkbaar pynlik. Dit is so pynlik, dat ons dit nie met ons beperkte vermoëns kan voorstel nie.

Gooi sout op 'n warm braaipan indien jy jou 'n bietjie wil voorstel, van die foltering. Jy sal sien dat die sout opspring, en dit verteenwoodig die toneel van die vuurpoel: die siele is soos die springende sout.

Eweneens, stel jou voor dat jy in 'n poel kookwater is, waarvan die temperatuur 100°C is. Die vuurpoel is baie warmer

HEL

as die kookwater, en die poel met brandende swael is sewe keer warmer as die vuurpoel. Wanneer jy eers daarin gegooi is, is daar nie 'n ontsnaproete nie, en jy sal vir ewig en altyd ly. Die eerste, tweede, derde en vierde strawwe voor die Oordeel in die Laergraf, is baie makliker om te verduur.

Dus, waarom laat God hulle vir een duisend jaar in die Laergraf ly, voordat hulle in die vuurpoel of poel met brandende swael gegooi word? Die ongeredde mense sal oor hulleself nadink. God wil hê dat hulleself moet vasstel om watter redes, hulle in so 'n walglike plek soos die hel vasgevang is, en oor hulle sondes van die verlede, volkome berou moet hê. Nogtans, dit is geweldig moeilik om mense te vind wie berou het. Hulle sal eerder meer kwaad as in die verlede uitstraal. Nou weet ons waarom God die hel moes gemaak het.

Om gelouter te word met vuur in die vuurpoel

Terwyl ek in 1982 gebid het, het God vir my 'n toneel van die Oordeel van die Groot Wit Troon gewys, kortliks die vuurpoel en die poel met brandende swael. Hierdie twee poele was baie groot.

Op 'n afstand het die twee poele met die siele daarin, vertoon asof hulle in warmbronne is. Sommige mense was tot by die bors en ander tot by die nek onder die water, sodat net hulle koppe uitsteek.

In Markus 9:48-49, praat Jesus van die hel as 'n plek "waar die wurms nie doodgaan nie en die vuur nie uitgeblus word nie. Almal sal met die vuur van beproewing gelouter word." Kan jy jou die pyn voorstel in so 'n aaklige omgewing? Indien hierdie siele probeer ontvlug, al wat hulle kan bemeester, is om te spring soos die sprngende sout en op hulle tande te kners.

Ongeag hoe desperaat hulle probeer, maar die siele kan nie uiitkom nie. Hulle probeer om mekaar weg te stoot en trap op mekaar, maar dit is alles nutteloos. Elke vierkante duim van die vuurpoel, wat se een end onsigbaar is van die ander end, behou 'n konstante temperatuur, en met die verloop van tyd neem die temperatuur nie af nie. Tot die Oordeel van die Groot Wit Troon, word die Laergraf deur Satan beheer, en alle strawwe word ooreenkomstig Satan se krag en mag opgelê.

Na die Oordeel sal die strawwe nietemin deur God opgelê en beheer word, ooreenkomstig Sy voorsienigheid en mag. Dus, die temperatuur van die hele vuurpoel kan gedurig op dieselfde vlak gehandhaaf word.

Hierdie vuur sal die siele laat ly, maar nie doodmaak nie. Net soos wat die liggaamsdele van die siele in die Laergraf herstel word, selfs nadat dit uitgesny of in stukke geruk was, word die liggame van die siele in die hel vinnig herstel, nadat dit geskroei was.

Die hele liggaam en organe daarin geskroei

Hoe word die siele in die vuurpoel gestraf? Het jy al ooit 'n toneel in strokiesprente, vurige rolprente of tekenprente gesien, waarin 'n karakter doodgeskok word met "hoë-spanning" elektrisiteit? Die oomblik wanneer hy doodgeskok word, verkleur sy skelet donker-kleurig en dit omring sy liggaam se buitelyne. Wanneer hy vrygestel word van die elektrisiteitsvloei,

HEL

vertoon hy weer normaal. Of, X-strale wat die menslike liggaam se organe vertoon.

Op dieselfde wyse word die siele die een oomblik, in hulle fisiese voorkoms in die vuurpoel vertoon. Die volgende oomblik is hulle liggame nêrens te sien nie, slegs hulle geeste is sigbaar. Hierdie patroon hehaal homself. In die skroeiende vuur word die siele se liggame in 'n oomblik verbrand en verdwyn, en word weer spoedig herstel.

In ons wêreld, wanneer jy derde-graadse brandwonde opdoen, mag jy dalk nie in staat wees om die drukkende sensasie regoor die liggaam te verduur nie, en dit sal jou kranksinnig maak. Niemand kan hierdie vlak van pyn begryp, totdat hyself dit ervaar het nie. Jy mag dalk nie in staat wees om die pyn te verduur, selfs al het net jou arms gebrand nie.

Oor die algemeen gaan die drukkende sensasie nie weg, kort nadat jy gebrand het nie, maar hou gewoonlik vir 'n paar dae aan. Die hitte van die vuur infiltreer die liggaam, en beskadig die selle, somtyds selfs die hart. Dus, hoeveel pynliker moet dit nie wees om al jou liggaamsdele en ingewande geskroei te kry, slegs om dit herstel te kry en weer herhaaldelik geskroei te word?

Siele in die vuurpoel kan nie die pyn verduur nie, maar hulle kan nie flou word, sterf of 'n rusperiode vir 'n ommblik neem nie.

Die poel met brandende swael

Die vuurpoel is 'n plek vir strawwe vir hulle wie relatief minder ernstige sondes gepleeg het, en ly as gevolg van die eerste en tweede stafvlakke, wat aan hulle in die Laergraf opgelê was.

Hulle wie ernstiger sondes gepleeg het, en ly as gevolg van die derde en vierde strafvlakke in die Laergraf, sal die poel met brandende swael ingaan, wat sewe keer warmer as die vuurpoel is. Soos reeds bo genoem, die poel met brandende swael is gereserveer vir die volgende mense: hulle wie praat teen, opponeer, en die Heilige Gees laster; hulle wie Jesus Christus van vooraf weer kruisig; hulle wie Hom verraai; hulle wie aanhou om opsetlik te sondig; uiterste afgodsdienaars; hulle wie sondig nadat hulle gewete gebrandmerk is; almal wie God met kwaadwillige dade teenstaan; en valse profete en leermeesters wie leuens verkondig.

Die hele vuurpoel is gevul met "rooi" vuur. Die poel met brandende swael is met meer "geel" as "rooi" vuur gevul, en kook gedurig met borrels so groot soos karkoere, hier en daar. Die siele in die poel, is heeltemal in die kokende vloeistof met brandende swael onderdompel.

Oorweldig deur pyn

Hoe kan jy die pyn in die poel met brandende swael, wat sewe keer warmer is as die vuurpoel, waarin die pyn ook ondenkbaar is, verduidelik?

Laat my dit met ooreenstemmende dinge in hierdie wêreld verduidelik. Indien iemand gesmelte yster in vloeistofvorm by 'n smeltoond sou drink, hoe pynlik sal dit wees? Sy inwendige organe sal verbrand wanneer die hitte, warm genoeg om harde yster in 'n vloeistofvorm te laat smelt, in sy keel af, die buik ingaan.

In die vuurpoel kan die siele tenminste spring en skree van die pyn. In die poel met brandende swael kan die siele nie kla of dink nie, omdat hulle as gevolg van die pyn benoud is. Die folteringsvlak en doodsangs wat in die poel met brandende swael verduur moet word, kan nie met behulp van enige gebare of woorde beskryf word nie. Bowendien, die siele moet ewiglik ly. Dus, hoe kan hierdie soort van foltering deur woorde beskryf word?

3. Sommiges Bly in die Laergraf Selfs Na die Oordeel

Geredde mense van die Ou Testamentiese tye was in die Bograf tot Jesus Christus se opstanding, en na Sy opstanding, het hulle die Paradys ingegaan, en sal daar in die Wagplek van die Paradys bly, tot Sy Wederkoms op die wolke plaasvind. Aan die een kant, geredde mense van die Nuwe Testamentiese tye bring hulleself in orde vir drie dae in die Bograf, en gaan dan die Wagplek van die Paradys binne, en wag daar tot Jesus Christus se Wederkoms op die wolke plaasvind.

Nietemin, ongebore kinders wie in hulle moederskoot sterf, gaan nie na die Paradys toe, óf na die opstanding van Jesus Christus óf na die Oordeel nie. Hulle woon in die Bograf vir altyd.

Net so, tussen hulle wie huidiglik in die Laergraf ly, is daar uitsonderings. Hierdie siele word nie in die vuurpoel of die poel met brandende swael, selfs na die Oordeel, gegooi nie. Wie is hulle?

Kinders wie voor puberteit sterf

Tussen die ongereddes is geaborteerde fetusse, vanaf die ouderdom van ses maande en ouer, en kinders voor puberteitsjare, wat ongeveer twaalf jaar oud is. Hierdie siele word nie in die vuurpoel of poel met brandende swael gegooi nie. Dit is omdat, alhoewel hulle na die Laergraf as gevolg van hulle eie sonde gekom het, tydens hulle dood was hulle nog nie volwasse genoeg, om hulle hul eie onafhanklike wil te besit nie. Dit beteken dat hulle geloofslewe mag dalk nie die gedragslyn wees wat hulle self gekies het nie, omdat dit maklik deur eksterne elemente soos, hulle ouers, voorsate of omgewings beïnvloed kon word.

Die God van liefde en regverdigheid neem hierdie faktore in ag, en gooi hulle nie in die vuurpoel of poel met brandende swael nie, selfs nadat die Oordeel plaasgevind het. Dit beteken egter nie dat hulle strawwe sal verminder of verdwyn nie. Hulle sal vir ewig gestraf word, op dieselfde wyse as wat hulle in die Laergraf gestraf is.

Aangesien die loon van die sonde die dood is

Behalwe vir daardie uitsonderlike geval, sal alle mense in die Laergraf in die vuurpoel of die brandende swael gegooi word, ooreenkomstig hulle sondes gepleeg, tydens hulle lewe op die aarde. In Romeine 6:23 word gelees dat, "Die loon wat die sonde gee, is die dood; die genadegawe wat God gee, is die ewige lewe in Christus Jesus ons Here." Hier, verwys "dood" nie na die einde van die lewe op die aarde nie, maar beteken die ewige straf in die vuurpoel of die brandende swael. Die verskriklike en angswekkende foltering van die ewige straf is loon van die sonde, en dus, weet jy dat sonde is verskriklik, vieslik en afskuwelik.

Indien mense 'n klein bietjie kennis het van die ewige ellende van die hel, hoe kan hulle dan nie paniekerig wees om hel toe te gaan nie? Hoe kan hulle nie vir Jesus Christus aanneem, gehoorsaam wees en volgens God se woord lewe nie?

Jesus sê vir ons die volgende in Markus 9:45-47:

En as jou voet jou van My afvallig laat word, kap hom af! Dit is beter dat jy kreupel die lewe ingaan as dat jy altwee jou voete het en in die hel gegooi word. En as jou oog jou van My afvallig laat word, pluk hom uit! Dit is beter dat jy met een oog die koninkryk van God ingaan as dat jy altwee oë het en in die hel gegooi word.

Dit is beter vir jou om jou voet af te kap, indien jy sondig deur na plekke te gaan wat jy nie moet gaan, as om in die hel gegooi te word. Dit is beter om jou hande af te kap, indien jy sou sondig deur dinge te doen wat jy nie moet doen, as om in die hel te beland. Net so, is dit ook beter vir jou om jou oog uit te pluk, indien jy sondig deur dinge te sien wat jy nie moet sien nie.

Nietemin, met God se genade vrylik aan ons beskikbaar, hoef ons nie ons hande en voete af te kap, of ons oë uit te pluk, om sodoende die hemel te kan ingaan nie. Dit is omdat ons sondelose en vlekkelose Lam, Jesus Christus namens ons gekruisig was, en Sy hande en voete met spykers vasgeslaan was, terwyl hy 'n doringkroon moes dra.

Die Seun van God het gekom om die duiwel se werke te vernietig

Daarom, wie ook al in die bloed van Jesus Christus glo, is vergewe en bevry van die straf van die vuurpoel en poel met brandende swael, en sal die ewige lewe bekom.

1 Johannes 3:7-9 sê vir ons, "Liewe kinders, moenie dat iemand julle mislei nie: wie regverdig lewe, is regverdig soos Hy regverdig is; wie aanhou sonde doen, behoort aan die duiwel, want die duiwel hou van die begin af aan met sondig. En die Seun van God het juis gekom om die werk van die duiwel tot niet te maak. Iemand wat 'n kind van God is, doen nie meer sonde nie, omdat die Gees van God in hom bly; en hy kan nie meer sondig nie, omdat hy 'n kind van God is."

Sonde is 'n erger daad as, steel, moord, of swendelary. Kwaad in iemand se hart is 'n ernstiger sonde. God verafsku kwaad in ons harte. Hy haat kwaadwillige harte wat ander veroordeel en oordeel, wat haat en struikel, en wat geslepe en bedrieglik is. Wat sal die hemel wees met mense wie sulke harte het, indien hulle toegelaat word om dit in te gaan, en daar te lewe? Selfs in die hemel dan, sal mense oor reg en verkeerd argumenteer, dus God laat nie sondige mense toe om die hemel in te gaan nie.

Daarom, indien jy 'n kind van God word, wie deur Jesus Christus se bloed bemagtig is, moet jy nie meer die ongelowiges volg soos 'n slaaf van die sonde nie, maar in die waarheid lewe soos 'n kind van God, wie self die lig is. Slegs dan kan jy al die heerlikheid van die hemel besit, seëninge om die vreugde en die mag asook die voorspoed, soos 'n kind van God selfs in hierdie wêreld, te verkry.

HEL

Jy moet nie sondes pleeg om jou geloof te beoefen nie

God is so lief vir ons dat Hy Sy geliefde, onskuldige en enigste Seun, gestuur het om vir ons aan die kruis te sterf. Kan jy jou dan voorstel, hoeveel God sal treur en ongelukkig wees, wanneer Hy sien dat hulle wie daarop aanspraak maak dat hulle "God se kinders" is, sondig onder die invloed van van die duiwel, en vinnig na die hel beweeg?

Ek vra jou om nie sonde te pleeg nie, maar om God se gebooie te gehoorsaam, en jouself as God se kosbare kind te bewys. Wanneer jy dit doen, sal al jou gebede baie vinniger beantwoord word en jy sal 'n ware kind van God word, en aan die einde sal jy die heerlike Nuwe Jerusalem ingaan en daar woon. Jy sal ook die krag en mag verkry om die duisternis te verdryf, vanaf hulle wie nog nie die waarheid ken nie, en steeds sondig, en slawe van die duiwel word. Jy sal bemagtig word om hulle na God toe te lei.

Mag jy 'n ware kind van God wees, antwoorde op al jou gebede en versoeke ontvang, Hom verheerlik, en ontelbare mense vanaf die pad na die hel weglei, sodat jy God se glorie kan bereik, en soos die son in die hemel skyn.

4. Bose Geeste sal Vasgevang word in die Bodemlose Poel

Volgens die "The Webster's New World College Dictionary" word die "Bodemlose Poel" gedefinieer as 'n "bodemlose draaikolk," "afgrond," of "enigiets te diep om te meet." Volgens die bybelse beskrywing, is die Bodemlose Poel die laagste deel van die hel. Dit word slegs vir die bose geeste, wat nie ter sake is vir menslike ontwikkeling nie, gereserveer.

Toe het ek 'n engel uit die hemel uit sien kom met die sleutel van die onderaardse diepte en met 'n groot ketting in sy hand. Hy het die draak, die slang van ouds, wat die duiwel en die Satan is, gegryp en hom vir duisend jaar vasgebind. Hy het hom in die onderaardse diepte gegooi, dit toegesluit en dit bokant hom verseël sodat hy nie meer die nasies kan verlei voordat die duisend jaar om is nie. Daarna moet hy 'n klein rukkie losgelaat word (Openbaring 20:1-3).

Dit is 'n beskrywing van 'n tydperk naby die einde van die Sewe-jaar Groot beproewing Na Jesus Christus se Wederkoms sal die wêreld vir sewe jaar deur die bose geeste beheer word, waartydens Wêreldoorlog III en ander rampe regoor die wêreld sal plaasvind. Na die Groot Beproewing is die Millennium Koninkryk, waartydens die bose geeste gevange geneem gaan word, en in die Bodemlose Poel geplaas gaan word. Naby die einde van die Millennium, word die bose geeste vir 'n kort rukkie vrygelaat, maar sodra die Oordeel van die Groot Wit Troon voltooi is, sal hulle weer in die Bodemlose Poel opgesluit word, maar hierdie keer, vir altyd. Satan en sy diensknegte beheer die wêreld van duisternis, maar na die Oordeel, sal die hemel en die hel slegs deur God se krag beheer word.

HEL

Bose geeste is slegs instrumente vir die menslike ontwikkeling

Watter soorte strawwe sal die bose geeste, wie alle krag en mag in die Bodemlose Poel sal verloor, ontvang?

Voordat ons verder aan beweeg, hou in gedagte dat die bose geeste slegs bestaan as instumente vir die menslike ontwikkelling. Waarom, dan, ontwikkel God mense op die aarde, terwyl daar ontelbare hemelse gashere en engele in die hemel is? Dit is omdat God ware kinders wil hê, met wie Hy Sy liefde kan deel.

Laat ek vir jou 'n voorbeeld gee. Regdeur die geskiedenis van Korea, het die adel gewoonlik in hulle huishoudings baie diensknegte gehad. Diensknegte sal alles gehoorsaam, wat hulle meester beveel. Nou, 'n meester het spandabelrige seuns en dogters wie teenoor hom ongehoorsaam is, en net doen wat hulle wil. Beteken dit dat die meester liewer sal wees vir sy gehoorsame diensknegte, as vir sy spandabelrige kinders? Hy kan dit nie verhelp om vir sy kinders lief te wees, al is hulle nie die gehoorsaamste nie.

Dit is dieselfde met God. Hy is lief vir die mensdom wat na sy ewebeeld geskep is, ongeag hoeveel gehoorsame hemelse gashere en engele Hy het. Hemelse gashere en engele is meer soos robotte, wat net doen waartoe hulle versoek word. Dus, hulle is nie daartoe in staat om ware liefde met God te deel nie.

Natuurlik, dit is nie te sê dat engele en robotte in alle opsigte, dieselfde is nie. Aan die een kant, robotte doen slegs wat hulle beveel word, sonder enige vrye wil, en het geen gevoel nie. Aan die ander kant, net soos mense, ken engele die gevoel van vreugde en hartseer.

Wanneer jy vreugde of hartseer beleef, het engele nie dieselfde gevoel as jy nie, maar grotendeels weet hulle wat jy voel. Daarom, wanneer jy God verheerlik, sal engele Hom saam met jou verheerlik. Wanneer jy dans om God te verheerlik, sal hulle ook dans en selfs musiekinstrumente saam bespeel. Hierdie eienskap onderskei hulle van robotte. Nogtans, engele en robotte is "dieselfde" in die opsig dat hulle albei geen eie vrye wil het nie, en slegs optree op bevele, gemaak en as gereedskap of instrumente gebruik word.

Soos die engele, is die bose geeste niks anders as gereedskap wat vir die menslike ontwikkeling, gebruik word nie. Hulle is soos masjiene wat nie goed en kwaad kan onderskei nie, gemaak vir 'n sekere doel, en word vir 'n kwaadwillige doel gebruik.

Die bose geeste in die Bodemlose Poel opgesluit

Die wet van die geestelike wêreld skryf voor dat "die loon van die sonde die dood is" en "'n man oes wat hy gesaai het." Na die Groot Oordeel, sal die siele in die Laergraf in die vuurpoel of poel met brandende swael, volgens die wet ly. Dit is omdat hulle kwaad uit hulle eie vrye wil gekies het, terwyl hulle op die aarde ontwikkel is.

Die bose geeste, met die uitsondering van die demone, is nie ter sake vir die menslike ontwikkeling nie. Dus, selfs na die Oordeel sal die bose geeste in die donker en koue Bodemlose Poel opgesluit word, en soos 'n hoop rommel verban word. Dit is die mees geskikte straf vir hulle.

God se Troon is in die middel en by die toppunt van die

HEL

hemel geleë. Omgekeerd, die bose geeste is in die Bodemlose Poel, die diepste en donkerste plek in die hel, toegesluit. Hulle kan nie gemaklik in die doner en koue Bodemlose Poel rondbeweeg nie. Asof hulle deur groot rotse platgedruk is, sal die bose geeste vir ewig in dieselfde posisie opgesluit wees.

Hierdie bose geeste het eens op 'n tyd aan die hemel behoort en heerlike pligte gehad. Na hulle val, het die engele mag op hulle eie manier, in die wêreld van duisternis, gebruik. Nietemin, hulle was verslaan in 'n oorlog wat hulle teen God gevoer het, en alles was oor. Hulle het al die heerlikheid en waardes verloor, wat hulle hemelse wesens geniet het. In die Bodemlose Poel, sal die vlerke van hierdie gevalle engele uitmekaar geskeur word, as 'n simbool van hulle vervloeking en skande.

'n Gees is 'n ewige wese en onverganklik. Nogtans, 'n bose gees in die Bodemlose Poel kan selfs nie 'n vinger beweeg nie, het geen gevoel, wil of krag nie. Hulle is soos masjiene wat afgeskakel is, of poppe wat uitgegooi is, of selfs voorkom asof hulle gevries is.

Sommige boodskappers van die hel bly in die Laergraf

Daar is 'n uitsondering op die reël. Soos bo vermeld, kinders onder die ouderdom van ongeveer twaalf sal in die Laergraf bly, selfs na die Oordeel. Dus, vir die voortsetting van hierdie kinders se strawwe, is die boodskappers van die hel nodig.

Hierdie boodskappers van die hel word nie in die Bodemlose Poel opgesluit nie, maar bly in die Laergraf agter. Hulle lyk soos robotte. Voor die Oordeel sou hulle somtyds gelag het en die foltering geniet het van die siele, wanneer hulle dit aanskou het, maar dit was nie omdat hulleself emosies gehad het nie. Dit was as gevolg van Satan se beheer, wie self menslike karaktereienskappe gehad het, en die boodskappers van die hel gedryf het, om emosies ten toon te stel. Nietemin, na die Oordeel word hulle nie langer deur Satan beheer nie, maar hulle sal hul take sonder gevoelens uitvoer, en soos masjiene werk.

5. Waar Sal die Bose Geeste Opëindig?

Anders as gevalle engele, is drake en hulle volgelinge voor die heelal geskep, bose geeste is nie geestelike wesens nie. Hulle was voorheen menslike wesens, gemaak uit stof, en het geeste, siele en liggame, soos ons. Onder hulle is diegene, wie eens in hierdie wêreld ontwikkel is, en gesterf het, sonder om saligheid te verkry, en in hierdie wêreld vrygelaat is, as bose geeste onder spesiale omstandighede.

Hoe, dan, word iemand 'n bose gees? Daar is gewoonlik vier manier hoe mense bose geeste kan word.

Die eerste is die geval wanneer mense hulle geeste en siele aan Satan verkoop.

Mense wie towery beoefen, en hulp en krag by die bose geeste soek, om hulle gulsigheid en begeertes te bevredig, soos die towenaars, kan bose geeste word wanneer hulle sterf.

Tweedens is wanneer mense selfmoord pleeg, as gevolg van hul eie kwaadwilligheid.

HEL

Indien mense hulle eie lewens neem, as gevolg van mislukte besighede of ander redes, het hulle God se oppermag oor die lewe verontagsaam, en kan bose geeste word. Nietemin, dit is nie dieselfde as om jou lewe vir jou/haar land of as hulp vir die hulpeloses, op te offer nie. Indien iemand, wie self nie kan swem nie, ingespring het om iemand anders te red, ten koste van sy eie lewe, was dit vir 'n goeie en edele doel.

Derdens is die geval van mense wie eens op 'n tyd in God geglo het, maar opgehou het om Sy bestaan te erken, en sodoende hulle geloof prysgegee het.

Sommige gelowiges verwyt en opponeer God wanneer hulle groot en moeilike probleme moet hanteer, of iemand of iets wat vir hulle dierbaar is, verloor. Charles Darwin, die pioneer van die teorie van evolusie, is 'n goeie voorbeeld. Darwin het eens op 'n tyd in God die Skepper geglo. Toe sy geliefde dogter voortydig sterf, het Darwin begin om vir God te verwyt en te opponeer, en die teorie van evolusie van stapel gestuur. Sulke mense pleeg die sonde, om Jesus Christus, ons Verlosser, van vooraf te kruisig (Hebreërs 6:6).

Die vierde laaste geval is mense wie die Heilige Gees belemmer, opponeer en belaster, selfs al glo hulle in God en die waarheid ken (Matteus 12:31-32; Lukas 12:10).

Vandag, baie mense wie klaarblyklik hulle geloof in God bely, belemmer, opponeer en belaster die Heilige Gees. Selfs al het hierdie mense ontelbare werke van God beleef, sal hulle nieteenstaande ander oordeel en veroordeel, die Heilige Gees se werke opponeer, en probeer om kerke saam met Sy werke te vernietig. Bowendien, indien hulle so optree as leiers, is hulle sondes ernstiger.

Wanneer hierdie sondaars sterf, word hulle in die Laergraf gegooi, en ontvang die derde en vierde stafvlakke. Die feit is dat sommige van hierdie siele bose geeste word, en in hierdie wêreld vrygelaat word.

Bose Geeste word deur die duiwel beheer

Tot die Oordeel het Satan volmag om die wêreld van duisternis, en die Laergraf te beheer. Dus, het Satan ook die krag om die geskikste siele in die Laergraf te identifiseer, vir die gebruik as bose geeste in hierdie wêreld.

Wanneer hierdie siele eers gekeur en in die wêreld vrygelaat word, het hulle nie meer die wil of gevoelens van hul eie, soos gedurende hulle leeftyd nie. Ooreenkomstig die duiwel se wil, word hulle deur die duiwel beheer, en dien slegs as instrumente om die doel van bose geeste in hierdie wêreld te vervul.

Die bose geeste bring mense in die versoeking op die aarde, om die wêreld lief te hê. Sekere van vandag se afgryslikste sondes en misdade is nie net blote toeval nie, maar word moontlik gemaak deur die werk van die bose geeste, ooreenkomstig Satan se wil. Bose geeste dring daardie mense binne, ooreenkomstig die wet van die geestelike wêreld, en lei hulle na die hel toe. Somtyds, maak bose geeste mense gebreklik, en bring siektes oor hulle. Natuurlik, dit beteken nie dat alle gevalle van mismaaktheid of siekte van bose geeste afkomstig is nie, maar sommige gevalle word deur bose geeste voortgebring. In die Bybel vind ons 'n bose gees-besete seun, wie sedert sy kinderdae

HEL

stom was (Markus 9:17-24), en 'n vrou wie vir agtien jaar as gevolg van 'n bose gees gebreklik was, en krom getrek was, en glad nie meer kon regop kom nie (Lukas 13:10-13).

Ooreenkomstig die wil van Satan, het die bose geeste die ligste take in die wêreld van duisternis, maar hulle sal nie na die Oordeel in die Bodemlose Poel gevange gehou word nie. Aangesien die bose geeste voorheen menslike wesens was en ontwikkel was, sal hulle saam met diegene wie die derde en vierde strafvlakke in die Laergraf ontvang, na die Oordeel van die Groot Wit Troon, in die poel met brandende swael gegooi word.

Bose geeste is verskrik oor die Bodemlose Poel

Sommiges van julle wie die woorde in die Bybel onthou, sal vind dat iets onvanpas is. In Lukas 8, is daar 'n toneel waarin Jesus 'n bose gees-besete man ontmoet. Toe Hy die bose gees beveel het om die man te verlaat, het die bose gees gesê, "Wat het U met my te doen, Jesus, Seun van God die Allerhoogste? Ek smeek U, moet my nie pynig nie!" (Lukas 8:28) en by Jesus gepleit dat Hy hulle nie na die Bodemlose Poel toe terug sal stuur nie.

Bose geeste is bestem om in die poel met brandende swael gegooi te word, nie in die Bodemlose Poel nie. Waarom, dan, vra hulle vir Jesus om hulle nie na die Bodemlose Poel terug te stuur nie? Soos reeds bo vermeld, die bose geeste was voorheen menslike wesens, en daarom is hulle grotendeels instrumente vir die menslike ontwikkeling, wat ooreenkomstig die wil van Satan gebruik word. Dus, toe die bose gees met Jesus deur die mond van hierdie man gespreek het, was dit die uitdrukking van die hart van die bose gees wie dit beheer, nie van sy eie nie. Die bose geeste wat deur Satan beheer word, weet dat sodra God se voorsienigheid van die menslike ontwikkeling voltooi is, sal hulle al hul magte en krag verloor, en vir ewig in die Bodemlose Poel gevange gehou word. Hulle vrees vir die toekoms was al te duidelik, deur middel van die bose gees se gesmeek.

Verder, die bose gees was as 'n instrument gebruik, sodat hierdie bose geeste se vrees sowel as hulle einde in die Bybel opgeteken kon word.

Waarom verafsku bose geeste Noord Korea, water en vuur?

Vroeg in my bedieningsjare het die Heilige Gees so kragtig in my kerk gewerk, dat die blindes kon sien, stommes kon weer praat, die met kinderverlamming kon weer loop, en die bose geeste was uitgedrywe. Hierdie nuus het regdeur die land versprei, en baie mense het daarheen gekom. Op daardie stadium het ek persoonlik vir die bose geeste-besetenes gebid, en die bose geeste, het byvoorbaat soos geestelike wesens geweet, dat hulle uitgedrywe sou word. Somtyds het van die bose geeste by my gesmeek, "Asseblief moet ons nie na water, vuur, of Noord Korea toe uitdrywe nie!"

Natuurlik kon ek nie aan hulle versoeke voldoen nie. Na dit het ek gebid, "God, waarom verafsku bose geeste vir Noord Korea?" In antwoord op my gebed, het God aan my openbaar dat bose geeste Noord Korea haat, omdat mense in die afgesonderde land nie kan, en nie afgode aanbid nie dus sal hulle

HEL

nooit die bose geeste aanvaar nie.

Waarom, dan, haat bose geeste water en vuur? Die Bybel het ook hulle wrok teen water en vuur aangeteken. Toe ek weereens gebid het vir die onthulling hiervan, het God aan my gesê dat geestelike water staan vir lewe, meer spesifiek vir die woord van God, wie self die lig is. Bowendien, vuur simboliseer die vuur van die Heilige Gees. Gevolglik, bose geeste wie die duisternis self verteenwoordig, sal hulle krag en mag verloor, wanneer hulle in water of vuur uitgedrywe word.

In Markus 5 is 'n toneel waarin Jesus die bose gees "Legio" beveel om 'n man te verlaat, en hulle Hom gesmeek het om hulle tussen die varke uit te dryf (Markus 5:12). Jesus het aan hulle toestemming verleen, en die bose geeste het uit die man gegaan en in die varke ingevaar. Die hele trop van omtrent twee duisend het op loop gesit teen die hang af, die see in, en hulle het versuip. Jesus het dit gedoen om te voorkom dat die bose geeste vir Satan verder werk, en hulle in die see laat verdrink. Dit beteken nie noodwendig dat die bose geeste verdrink het nie; hulle het slegs hulle krag verloor. Dit is waarom Jesus vir ons sê dat, "Wanneer 'n bose gees uit 'n mens weggaan, swerf hy deur dor streke op soek na 'n rusplek, en hy kry dit nie" (Matteus 12:43).

Die kinders van God moet die geestelike wêreld duidelik verstaan, sodat hulle God se krag kan vertoon. Bose geeste bewe van vrees, indien jy hulle met die volle kennis van die geestelike wêreld uitdrywe. Nogtans, sal hulle nie vrees of uitgedryf word indien jy net sê, "Jy bose gees, gaan uit en gaan in die water! Gaan in die vuur!" sonder om die geestelike begrip daarvan te hê.

Satan voer 'n stryd om sy koninkryk te vestig

God is die God van oorvloedige liefde, maar Hy is ook die God van regverdigheid. Ongeag hoe genadig en vergewensgesind enige koning van hierdie wêreld mag wees, kan hulle nie altyd onvoorwaardelik genadig en vergewensgesind wees nie. Wanneer daar diewe en moordenaars in die land is, moet 'n koning toesien dat hulle gevang en gestraf word, ooreenkomstig die wet, om sodoende vrede en sekuriteit vir sy mense te handhaaf. Selfs wanneer sy geliefde seun of mense 'n ernstige misdaad soos verraad pleeg, het die koning geen ander keuse as om hulle ooreenkomstig die wet te straf.

Eweneens, die liefde van God is die soort liefde, wat in lyn is met die streng opdrag van die geestelike wêreld. God het Satan grootliks liefgehad, voor sy verraad, en selfs na sy verraad. God het vir Satan volmag oor die duisternis gegee, maar die enigste beloning wat Satan sal ontvang, is die beperking in die Bodemlose Poel. Aangesien Satan reeds hiervan bewus is, voer hy 'n stryd om sy koninkryk gevestig en standvastig te kry. Vir hierdie rede, het Satan twee duisend jaar en langer gelede, baie van God se profete doodgemaak. Twee duisend jaar gelede, toe Satan uitgevind het van Jesus se geboorte, het hy om te verhoed dat God se koninkryk tot stand kom, en om sy koninkryk van duisternis ewigdurend te bewaar, het hy probeer om Jesus deur Koning Herodes te laat doodmaak. Nadat hy deur Satan aangehits was, het Herodes opdrag gegee dat alle seuntjies in die land wie twee jaar en jonger was, doodgemaak moes word (Matteus 2:13-18).

Behalwe dit, gedurende die laaste twee millennia, het Satan

HEL

ook altyd probeer om enigeen wie God se wonderlike krag vertoon het, te vernietig of te vermoor. Nogtans, Satan kan nooit oor God heers of Sy wysheid oortref nie, dus sy einde word in die Bodemlose Poel gevind.

God van liefde wag en gee geleenthede vir berou

Alle mense op die aarde is bestem om ooreenkomstig hulle dade geoordeel te word. Vir die onregverdige wag vloeke en strawwe, en vir die regverdige wag daar seëninge en saligheid. Nietemin, God wie Homself liefde is, gooi nie dadelik iemand wie gesondig het, in die hel nie. Hy wag geduldig vir mense om dit te bely, soos opgeteken staan in 2 Petrus 3:8-9, "Een ding moet julle egter nie vergeet nie, geliefdes: vir die Here is een dag soos duisend jaar en duisend jaar soos een dag. Die Here stel nie die vervulling van sy belofte uit nie, al dink party mense so. Nee, Hy is geduldig met julle, omdat Hy nie wil hê dat iemand verlore gaan nie: Hy wil hê dat almal hulle moet bekeer." Dit is die liefde van God wie wil hê dat alle mense saligheid moet verkry.

Deur hierdie boodskap van die hel, moet jy onthou dat God ook geduldig was, en vir almal gewag het wie in die Laergraf gestraf was. Die God van liefde het oor die siele getreur, wie na Sy ewebeeld geskep was, en nou ly en sal ly vir die jare om te kom.

Ten spyte van God se geduld en liefde, indien mense nie tot die einde die evangelie aanvaar en glo nie, maar voortgaan om te sondig, sal hulle alle geleenthede verbeur om salig te word, en in die hel beland.

Dit is waarom ons gelowiges altyd die evangelie moet

versprei, of ons 'n geleentheid het al dan nie. Laat ons van die veronderstelling uitgaan, dat daar 'n groot brand ontstaan het, terwyl jy nie tuis was nie. Met jou terugkoms was die huis deur vlamme verswelg, en jou kinders was binne die huis aan die slaap. Sal jy nie alles probeer om jou kinders te red nie? God se hart word al meer gebreek, wanneer Hy mense sien wie na Sy ewebeeld geskep is, wie sondig en in die ewige vlamme van die hel beland. Net so, kan jy jou voorstel hoe verheug God sal wees, om te sien hoe mense ander mense na saligheid lei.

Jy moet die hart van God verstaan, wie vir alle mense lief is en treur oor hulle wie op pad is na die hel, asook die hart van Jesus Christus, wie nie een persoon wil verloor nie. Noudat jy omtrent die wreedheid en ellendigheid van die hel gelees het, mag jy in staat wees om te verstaan waarom God so verheug is, oor die mense se saligheid. Ek hoop dat jy God se hart sal voel en begryp, sodat jy die goeie boodskap sal versprei en baie mense na die hemel sal lei.

Hoofstuk 9

Waarom Moes die God van Liefde die Hel Voorberei?

1. God se Geduld en Liefde
2. Waarom Moes die God van Liefde die Hel Voorberei?
3. God Wil hê dat Alle Mense Saligheid Ontvang
4. Verkondig die Evangelie Vrymoediglik

"God wil hê dat alle mense gered word en tot kennis van die waarheid kom."
(1 Timoteus 2:4)

"Hy het sy skop in sy hand en Hy sal sy dorsvloer deur en deur skoonmaak. Sy koring sal Hy na die skuur toe bring, maar die kaf sal
Hy met 'n onblusbare vuur verbrand."
(Matteus 3:12)

Ongeveer twee duisend jaar gelede het Jesus deur die stede en dorpe gegaan, om die goeie boodskap te verkondig en alle siekes en siektes te genees. Toe Hy die mense ontmoet het, het Jesus deernis met hulle gehad, omdat hulle moeg en hulpeloos was, soos skape sonder 'n herder (Matteus 9:36). Daar was ontelbare mense wie gered moes word, maar daar was niemand om na hulle om te sien nie. Selfs toe Jesus vuriglik tussen die dorpe beweeg het, om mense te besoek, kon Hy hulle nie individueel onder hande neem nie.

In Matteus 9:37-38, sê Jesus vir Sy dissipels, "Die oes is groot, maar die arbeiders min. Bid dan die Here aan wie die oes behoort, om arbeiders uit te stuur vir sy oes." Die werkers was baie nodig om die ontelbare mense met brandende liefde te leer, omtrent die waarheid en om die duisternis uit Jesus se plek te verdrywe.

Deesdae, is so baie mense slawe van die sonde, ly as gevolg van siekte, armoede en droefheid, en beweeg in die rigting van die hel – alles omdat hulle nie die waarheid ken nie. Ons moet die hart van Jesus verstaan, wie op soek is na werkers om die oesland in te stuur, sodat jy nie slegs die saligheid sal verkry nie, maar ook teenoor Hom kan bely, "Hier is ek! Here stuur my."

1. God se Geduld en Liefde

Daar was 'n seun wie deur sy ouers geliefd en aanbid was. Een dag, het hierdie seun sy ouers gevra om sy deel van hul boedel te kry. Hulle het ingewillig tot die seun se versoek, alhoewel hulle nie regtig hulle seun se versoek verstaan het nie, aangesien hulle tog eendag alles aan hom sou bemaak. Toe gaan die seun oorsee met sy deel van die erfporsie. Alhoewel hy baie hoop en ambisie aan die begin gehad het, het hy toenemend toegegee aan die wêreld se plesier en hartstog, en het al sy rykdom aan die einde verkwis. Bowendien, het die land 'n ernstige depressie in die gesig gestaar, wat hom nog armer gemaak het. Een dag, het iemand die nuus aan die seun se ouers oorgedra, en hulle meegedeel dat die seun as gevolg van verkwisting, so goed as 'n bedelaar geword het, en dus deur die mense verag word.

Hoe moes sy ouers gevoel het? Aan die begin kon hulle dalk kwaad gewees het, maar sou spoedig oor hom bekommerd geraak het, en gedink het, 'Ons vergewe jou, seun. Kom net vinnig huistoe!'

God aanvaar kinders wie in berou terugkom

Die hartverskeuring van hierdie ouers is in Lukas 15 opgeteken. Die vader, wie se seun na 'n ver afgeleë land vertrek het, het elke dag vir sy seun by die hek gewag. Die vader het so desperaat vir sy seun se terugkoms gewag, dat toe sy seun uiteindelik terugkom, kon die vader hom op 'n afstand herken, en na sy seun hardloop en sy arms vreugdevol om hom gooi. Die vader het vir die berouvolle seun die beste kledingstuk en sandale aangetrek, en ook 'n vetgemaakte kalf geslag, ter viering van die seun se terugkoms.

Dit is die hart van God. Hy vergewe nie alleenlik almal wie ernstige berou het, ongeag die ernstigheid van hulle sondes, maar troos en bemagtig hulle ook om beter te doen. Wanneer een persoon deur geloof gered word, is God verheug daaroor en vier die geleentheid saam met die hemelse gasheer en die engele. Ons genadige God is self die liefde. Met die hart van 'n vader wie vir sy seun wag, wil God gretig hê dat alle mense sal wegbeweeg van die sonde, en saligheid ontvang.

God van liefde en vergifnis

In Hosea hoofstuk 3, kan jy 'n vlugtige blik kry van God se oorvloedige genade en deernis, Hy wie altyd gretig is om selfs sondaars te vergewe en lief te hê.

Een dag, het God vir Hosea beveel, om 'n owerspelige vrou as sy vrou te neem. Hosea was gehoorsaam en het met Gomer getrou. Na die verloop van 'n paar jaar was Gomer ontrou, en het vir 'n ander man lief geword. Verder, was sy soos 'n prostituut betaal, en het vir 'n ander man lief geword. God sê toe vir Hosea, "Gaan knoop weer 'n liefdesverhouding aan met 'n vrou wat vir ander mans lief is en egbreuk pleeg, net soos die Israeliete vir wie Ek, die Here, lief het, ander gode aanhang en lief is vir rosyntjiekoeke" (v. 1). God het vir Hosea beveel om sy vrou lief te hê, wie hom verraai het en die huis verlaat het, om 'n ander man lief te hê. Hosea het vir Gomer teruggebring, nadat hy vyftien stukke silwer en honderd kilogram gars betaal het (v. 2). Hoeveel mense sal dit doen? Nadat Hosea vir Gomer teruggebring het, het hy vir haar gesê, "Jy moet 'n lang tyd tot my beskikking wees. Jy mag met niemand hoereer of trou nie, ek sal dit ook nie doen nie" (v. 3). Hy het haar nie veroordeel of gehaat nie, maar haar met liefde vergewe en by haar gepleit, om hom nooit weer te verlaat nie.

Wat Hosea gedoen het blyk, in die oë van die mense van hierdie wêreld, dwaas te wees. Nietemin, sy hart simboliseer God se hart. Die wyse waarop Hosea 'n owerspelige vrou getrou het, het God ons eerste liefgehad, wie Hom verlaat het, terwyl Hy ons selfs geskep het.

Na Adam se ongehoorsaamheid, was alle mense met die sonde deurtrek. Soos Gomer, was hulle nie God se liefde werd nie. Nogtans, het God hulle tog liefgehad en vir hulle Sy enigste Seun Jesus gegee, om gekruisig te word. Hierdie Jesus was geslaan, moes 'n doringkroon dra, en was aan Sy hande en voete vasgespyker, sodat Hy ons kon red. Selfs terwyl Hy aan die kruis gehang het en besig was om te sterf, het Hy gebid, "Vader, vergewe hulle." Selfs terwyl ons praat, is Jesus besig om vir alle sondaars voorspraak voor die Troon van onse God, die Vader in die hemel, te maak.

Nogtans, so baie mense weet nie van God se liefde en genade nie. In plaas daarvan, het hulle die wêreld lief, en hou aan om te sondig, ingevolge hulle vlees se begeertes. Sommiges lewe in die duisternis, omdat hulle nie die waarheid ken nie. Ander weer ken die waarheid, maar met die verloop van tyd verander hulle harte, en hulle pleeg weer sonde. Wanneer hulle gered is, moet die mense hulleself daagliks heilig maak. Nietemin, hulle harte het bedorwe en besmet geraak, anders as die tyd toe hulle aan die begin die Heilige Gees ontvang het. Dit is waarom hierdie mense selfs die soort sonde pleeg, wat hulle voorheen verwerp het.

God wil steeds die mense wie gesondig het en die wêreld liefhet, vergewe. Net soos wat Hosea sy owerspelige vrou terug gebring het, wie vir 'n ander man liefgehad het, wag God vir die terugkoms en berou van Sy kinders, wie gesondig het.

Daarom, moet ons die hart van God verstaan, wie vir ons die boodskap van die hel openbaar het. God wil ons nie verskrik maak nie; Hy wil ons net leer aangaande die hel se ellende, en om deeglik berou te hê, en die saligheid te ontvang. Die boodskap van die hel is Sy manier om vir ons Sy brandende liefde, te toon. Ons moet ook verstaan, waarom God die hel moes voorberei. Dit was om Sy hart meer innig te verstaan, om die goeie nuus aan meer mense te verkondig, deur sodoende hulle van die ewige straf te red.

2. Waarom Moes die God van Liefde die Hel Voorberei?

Genesis 2:7 lees, "Die Here God het toe die mens gevorm uit stof van die aarde en lewensasem in sy neus geblaas, sodat die mens 'n lewende wese geword het."

In 1983, die jaar nadat my kerk se deure geopen het, het God vir my 'n visioen gewys, waarin die skepping van Adam uitgebeeld word. God was gelukkig en vreugdevol, terwyl Hy met sorg en liefde vir Adam uit die klei gevorm het, net soos 'n kind wat met sy/haar gunsteling speelding of pop speel. Na fyn vorming van Adam, het God in sy neusgate die asem van die lewe geblaas. Omdat ons die asem van die lewe vanaf God, wie

Gees is ontvang, is ons gees en siel onverganklik. Vlees wat uit stof gemaak is sal vergaan, en tot 'n handvol stof terugkeer, maar ons gees en siel is ewigdurend.

Vir daardie rede moes God plekke voorberei, vir hierdie onverganklike geeste om te woon, en hulle is die hemel en die hel. Soos opgeteken in 2 Petrus 2:9-10, mense wie Godvresend lewe sal gered word en die hemel ingaan, maar die ongeregtigdes sal in die hel gestraf word.

Die Here weet dus om dié wat Hom dien, uit beproewing te red, maar om die goddeloses te straf en vir die oordeelsdag gevange te hou. Veral húlle sal gestraf word wat toegee aan hulle wellustige vleeslike begeertes en wat die gesag van die Here verag. Hierdie leraars is uitdagend en verwaand en huiwer nie om hemelwesens te beledig nie.

Aan die een kant, God se kinders sal onder Sy bestuur in die hemel lewe. Dus, die hemel is altyd vol van blydskap en vreugde. Aan die ander kant, die hel is 'n plek vir hulle wie nie God se liefde aangeneem het nie, maar Hom eerder verraai het en 'n slaaf van die sonde geword het. In die hel sal hulle wrede strawwe ontvang. Waarom, dan, moes die God van liefde, die hel voorberei?

God skei die koring van die kaf

Net soos wat 'n landbouer saad saai en verbou, ontwikkel God mense in hierdie wêreld om ware kinders te verkry.

Wanneer die oestyd kom skei Hy die kaf van die koring, en stuur die koring hemel toe en die kaf hel toe.

Hy het sy skop in sy hand en Hy sal sy dorsvloer deur en deur skoonmaak. Sy koring sal Hy na die skuur toe bring, maar die kaf sal Hy met 'n onblusbare vuur verbrand (Matteus 3:12).

Die "koring" simboliseer hier almal wie Jesus Christus aangeneem het, en probeer om God se beeld te herstel, en volgens Sy woord te lewe. Die "kaf" verwys na hulle wie nie Jesus Christus as hulle Saligmaker aangeneem het nie, maar vir die wêreld lief is, en die kwaad najaag.

Net soos 'n landbouer die koring in 'n skuur versamel, en die kaf verbrand of as bemesting vir die oes gebruik, bring God ook die koring na die hemel en gooi die kaf in die hel.

God wil seker maak dat ons weet van die Laergraf en die hel se bestaan. Lawa onder die aarde se oppervlakte en vuur dien as herinnering, van die ewigdurende strawwe in die hel. Indien daar geen vuur of swael in hierdie wêreld was nie, hoe sou ons die angswekkende tonele van die Laergraf en die hel vir ons kon voorstel? God het al hierdie dinge geskep, omdat dit noodsaaklik is vir die mens se ontwikkeling.

Die rede waarom "die kaf" in die vuur van die hel gegooi word

Sommiges mag vra, "Waarom het die God van liefde die hel voorberei? Waarom kan Hy nie die kaf ook die hemel laat ingaan

HEL

nie?"

Die skoonheid van die hemel is verby enige voorstelling of beskrywing. God, die meester van die hemel, is heilig en onbevlek en foutloos, dus waarom net die wie Sy wil doen, word toegelaat om die hemel in te gaan (Matteus 7:21). Indien sondige mense in die hemel was, tesame met mense wie vol liefde en goedheid is, sou die lewe in die hemel moeilik en lomp wees, terwyl die pragtige hemel besoedel sou gewees het. Dit is waarom God die hel moes voorberei, om die koring in die hemel van die kaf in die hel te skei.

Sonder die hel, sou die regverdiges en die sondaars gedwing gewees het om saam te woon. Indien dit die geval was, sou die hemel 'n hawe van duisternis, gevul met gille en angskrete geword het. Nietemin, die doel van God se menslike ontwikkeling is nie om so 'n plek te skep nie. Die hemel is 'n plek sonder trane, foltering, en siektes, waar Hy Sy oorvloedige liefde met Sy kinders vir altyd kan deel. Dus, hel is nodig om die sondige en nuttelose mense – die kaf, ewigdurend gevange te hou.

Romeine 6:16 lees, "Julle weet tog: as julle julle aan iemand onderwerp om hom as slawe te gehoorsaam, is julle die slawe van dié een aan wie julle gehoorsaam is. As dit die sonde is, beteken dit vir julle die dood; as dit gehoorsaamheid aan God is, beteken dit vryspraak en lewe." Selfs indien jy dit nie geweet het nie, almal hulle wie nie ooreenkomstig God se woord lewe nie, is slawe van die sonde, asook slawe van ons vyandige Satan en die duiwel. Op hierdie aarde word hulle deur die vyandige Satan en duiwel beheer; na die dood, sal hulle in die hande van daardie bose geeste gegooi word, en alle soorte strawwe ontvang.

God beloon enigiemand ooreenkomstig sy/haar optredes

Onse God is nie alleenlik die God van liefde, genade en goedheid nie, maar ook 'n eerlike en regverdige God, wie elkeen van ons beloon, ooreenkomstig ons dade. Galasiërs 6:7-8 lees:

Moenie julleself mislei nie: God laat nie met Hom spot nie. Wat 'n mens saai, dit sal hy ook oes. Wie op die akker van sy sondige natuur saai, sal van die sondige natuur dood en verderf oes. Maar wie op die akker van die Gees saai, sal van die Gees die ewige lewe oes.

Aan die een kant, wanneer jy gebede en lofprysinge saai, sal jy bemagtig word met krag uit die hemel, om ooreenkomstig God se woord te lewe, en dit sal met jou gees en siel goed gaan. Wanneer jy met gelowige dienste saai, sal al jou dele – gees, siel en liggaam – versterk word. Wanneer jy geld deur middel van jou tiende-dankoffer saai, sal jy meer oorvloedige finansiële seën ontvang, sodat jy meer vir God se koninkryk en geregtigheid kan saai. Aan die ander kant, wanneer jy kwaad saai, sal jy dieselfde hoeveelheid en omvang van jou kwaad, terugbetaal word. Selfs al is jy 'n gelowige, wanneer jy sondes en wetteloosheid saai, sal jy beproewinge in die gesig staar. Daarom, hoop ek dat jy verlig sal word en met die hulp van die Heilige Gees hieroor sal leer, sodat jy die ewige lewe kan verkry.

In Johannes 5:28-29, sê Jesus vir ons dat, "Moenie hieroor verbaas wees nie: daar kom 'n tyd wanneer almal wat in die grafte is, sy stem sal hoor en sal uitgaan. Dié wat goed gedoen het, sal opstaan en lewe, en dié wat verkeerd gedoen het, sal opstaan en veroordeel word." In Matteus 16:27, belowe Jesus vir ons, "Die Seun van die mens gaan saam met sy engele kom. Hy sal beklee wees met dieselfde heerlikheid as sy Vader en sal elkeen volgens sy dade vergeld."

Met volmaakte akkuraatheid, deur middel van God se Oordeel, word toepaslike toekennings en strawwe aan almal toegedeel, ooreenkomstig wat hy/sy gedoen het. Hetsy elke individu, wie sy eie vrye wil het, hemel of hel toe gaan, is nie as gevolg van God se toedoen nie, maar wat elkeen saai sal hy/sy oes.

3. God wil hê dat Alle Mense Saligheid Ontvang

God beskou 'n persoon wie na Sy ewebeeld geskep is en Hom navolg, belangriker as die hele heelal. Dus, God wil hê dat alle mense in Jesus Christus moet glo, en saligheid ontvang.

God juig selfs meer wanneer een sondaar berou toon

Met die hart van 'n herder, wie op ru paaie na een verlore skaap soek, terwyl die ander nege en negentig skape veilig is

(Lukas 15:4-7), is God meer verheug oor een sondaar wie sy sondes bely, as oor die ander nege en negentig regverdige mense, wie nie nodig het om te bely nie.

Die Psalmdigter skryf in Psalm 103:12-13, "So ver as die ooste van die weste af is, so ver verwyder Hy ons oortredinge van ons af. Soos 'n vader hom ontferm oor sy kinders, so ontferm die Here Hom oor dié wat Hom dien." God belowe ook in Jesaja 1:18 dat "Kom tog, laat ons die saak met mekaar uitmaak, sê die Here, Al was julle skarlakenrooi van sonde, julle sal wit word soos sneeu. Al was julle purperrooi, julle sal wit word soos wol."

God is self die lig en in Hom, is daar geen duisternis nie. Hy is ook die goedheid self, wie sonde verafsku, maar wanneer 'n sondaar voor Hom verskyn en berou toon, onthou Hy nie meer sy sondes nie. In plaas daarvan, omhels God hom en seën die sondaar, met Sy onbeperkte vergifnis en warm liefde.

Indien jy God se wonderlike liefde slegs net 'n klein bietjie verstaan, behoort jy elke individu met ywerige liefde te behandel. Jy sal deernis moet hê, met hulle wie na die hel se vuur oppad is, ernstig vir hulle bid, die goeie boodskap met hulle deel, besoek hulle wie se geloof swak is, versterk hulle geloof sodat hulle standvastig kan word.

Indien jy nie berou het nie

1 Timoteus 2:4 sê vir ons, "God wil hê dat alle mense gered word en tot kennis van die waarheid kom." God wil baie graag hê dat die mense Hom moet ken, saligheid ontvang, en na Hom toe gaan. God is bekommerd oor die saligheid van slegs een meer

persoon, wagtend vir die mense in die duisternis en sonde, om na Hom te kom.

Nietemin, selfs al het God vir die mense ontelbare geleenthede vir berou gegee, tot die mate dat Hy Sy enigste Seun aan die kruis geoffer het, indien hulle nie berou het nie en sterf, bly net een pad vir hulle oor. Volgens die wet van die geestelike wêreld, sal hulle oes wat hulle gesaai het en terugbetaal word, ooreenkomstig van dit wat hulle gedoen het, en aan die einde in die hel gegooi word.

Ek vertrou dat jy God se wonderlike liefde en geregtigheid sal besef, sodat jy Jesus Christus sal ontvang en vergewe kan word. Buitendien, gedra jou en lewe volgens die wil van God, sodat jy soos die son in die hemel kan skitter.

4. Verkondig die Evangelie Vrymoediglik

Hulle wie weet en waarlik glo in die hemel en die hel se bestaan, kan nie ophou om die evangelie te verkondig nie, omdat hulle God, wie wil hê dat alle mense saligheid ontvang, se hart maar al te goed ken.

Sonder mense om die goeie boodskap te verkondig

Romeine 10:14-15 vertel vir ons dat God, hulle wie die goeie boodskap verkondig, loof en prys:

Maar hoe kan 'n mens Hom aanroep as jy nie in Hom glo nie? En hoe kan jy in Hom glo as jy nie van Hom gehoor het nie? En hoe kan jy van Hom hoor sonder iemand wat preek? En hoe kan iemand preek as hy nie gestuur is nie? Daar staan ook geskrywe: "Hoe wonderlik klink die voetstappe van dié wat die goeie boodskap bring."

In 2 Konings 5, is daar 'n verhaal van Naäman, die hoof van die leër van koning Aram. Naäman was deur die koning as 'n vername en nederige man beskou, omdat hy sy land baie keer gered het. Hy het roem en welvaart verkry, en het niks gekort nie. Nietemin, Naäman het melaatsheid gehad. In daardie dae was melaatsheid 'n ongeneeslike siekte, en as die vloek vanaf die hemel beskou. Dus, Naäman se dapperheid en rykdom was nou vir hom nutteloos. Selfs sy eie koning kon hom nie help nie.

Kan jy jou voorstel hoe Naäman gevoel het, terwyl hy daagliks moes toekyk hoe sy eens op 'n tyd gesonde liggaam, besig was om te vergaan en te verrot? Verder, het selfs sy eie familielede 'n veilige afstand van Naäman gehandhaaf, omdat hulle gevrees het, dat hulle met die siekte besmet mag raak. Hoe kragteloos en hulpeloos moes Naäman gevoel het?

Nogtans, God het 'n goeie plan vir Naäman, 'n christelike bevelhebber gehad. Daar was 'n diensmeisie wie in Israel gevanger geneem was, wie na Naäman se vrou omgesien het.

Naäman genees nadat hy na die diensmeisie luister

HEL

Die diensmeisie, alhoewel sy 'n jong meisie was, het geweet hoe Naäman se probleem opgelos kon word. Die meisie het geglo dat Elisa, 'n profeet in Samaria, kan haar meester se siekte genees. Sy het vrymoediglik die nuus omtrent God se krag, soos deur Elisa vertoon, aan haar meester oorgedra. Sy het nie haar mond gesnoer gehou, veral oor iets waarin sy 'n groot mate van geloof gehad het nie. Na die aanhoor van hierdie nuus, het Naäman offerandes in groot ernstigheid voorberei, en het gegaan om die profeet te sien.

Wat dink jy het met Naäman gebeur? Hy was volkome genees deur die krag van God, wie met Elisa was. Hy het selfs bely, "Ek weet nou, daar is geen God op die hele aarde nie behalwe in Israel. Aanvaar asseblief hierdie geskenk van my" (2 Konings 5:15). Naäman was nie alleenlik van sy siekte genees nie, maar die probleem van sy gees was ook opgelos.

Oor hierdie verhaal was Jesus se kommentaar in Lukas 4:27 soos volg: "En daar was baie melaatses in Israel in die tyd van die profeet Elisa. Tog is nie een van hulle genees nie, maar wel Naäman, die Siriër." Waarom kon net Naäman die Christen genees word, alhoewel daar baie ander melaatses in Israel was? Dit was omdat Naäman se hart opreg en nederig genoeg was, om na ander mense se raad te luister. Alhoewel Naäman 'n Christen was, het God die weg van sy saligheid vir hom gereed gemaak, omdat hy 'n goeie man was, altyd 'n geloofwaardige generaal vir sy koning, en 'n dienaar wie vir sy mense so lief was, dat hy gewilliglik sy lewe vir hulle sou gegee het.

Nogtans, indien die diensmeisie nie die boodskap van Elisa se krag aan Naäman oorgedra het nie, sou hy gesterf het sonder om genees te word, nog minder saligheid ontvang het. Die lewe van 'n edel en 'n waardevolle krygsman, het van 'n klein dogtertjie afgehang.

Verkondig die evangelie vrymoediglik

Soos in die geval van Naäman, is daar baie mense rondom jou wat wag dat jy moet praat. Selfs in hierdie lewe ly hulle as gevolg van baie probleme, en beweeg daagliks nader na die hel toe. Hoe jammerlik sal dit wees, indien hulle na so 'n moeilike tyd op aarde, vir ewig gefolter moet word? Daarom, God se kinders moet die evangelie vrymoediglik, aan sulke mense verkondig.

God sal onmeetlik verheug wees wanneer, deur die krag van die Here, mense wie bestem was om te sterf, die lewe ontvang, en mense wie gely het, bevry word. Hy sal hulle ook voorspoedig en gesond maak, en vir hulle sê, "Jy is My kind wie My gees verfris." Bowendien, God sal hulle help om meer geloof te bekom, groot genoeg om die wonderlike stad van Nuwe Jerusalem te kan ingaan, waar die Troon van God geleë is. Bowendien, sal nie baie mense wie die goeie boodskap deur jou gehoor het, en Jesus Christus aangeneem het, teenoor jou dankbaar wees vir wat jy vir hulle gedoen het nie?

Indien mense gedurende hierdie lewe nie genoeg geloof het om gered te word nie, sal hulle nooit weer "'n tweede kans" kry, wanneer hulle eers hel toe is nie. In die middel van hulle ewigdurende lyding en angstigheid, kan hulle maar net vir ewig

HEL

en ewig spyt wees, en ween.

Vir jou om die evangelie te kon hoor en die Here aan te neem, was daar onmeetbare opoffering en toewyding van ontelbare voorvaders van geloof, wie met swaarde vermoor is, en ten prooi geval het van honger wilde diere, of wie martelaarskap moes aanvaar, om die goeie boodskap te kon verkondig.

Wat moet jy dan doen, nou dat jy weet dat jy van die hel gered is? Jy moet jou beste doen, om so veel as moontlik siele uit die hel, vir die Here se arms te wen. In 1 Korintiërs 9:16, bely die apostel Paulus sy opdrag met 'n brandende hart: "As ek die evangelie verkondig, is dit nie vir my 'n rede om te roem nie. Ek verkondig die evangelie omdat ek móét! En wee my as ek dit nie doen nie!"

Ek hoop jy sal die wêreld met 'n brandende hart van die Here ingaan, en baie siele van die ewige straf in die hel red.

Jy het met behulp van hierdie boek geleer, omtrent die ewige, afgryslike en ellendige plek wat die hel genoem word. Ek bid dat jy God se liefde sal aanvoel. Hy wil nie een persoon verloor nie, bly waaksaam in jou eie Christelike lewe, en verkondig die evangelie aan enigeen, wie nodig het om dit te hoor.

In God se oë, is jy kosbaarder as die hele wêreld en waardevoller as enigiets tesame in die heelal, omdat jy na Sy ewebeeld geskep is. Daarom, jy moet nie 'n slaaf van die sonde word, wie God opponeer en in die hel beland nie, maar word 'n ware kind van God, wie in die lig wandel, en ooreenkomstig die waarheid optree en lewe.

Met dieselfde hoeveelheid genot wat God beleef het toe Hy vir Adam geskep het, hou Hy elke dag oor jou wag. Hy wil hê dat jy 'n ware hart sal bekom, vinnig in die geloof sal groei, en die volle maat van Christus se volheid bereik.

In die naam van die Here bid ek dat jy spoedig Jesus Christus sal aanneem, en die seëninge en mag as 'n kosbare kind van God sal ontvang, sodat jy die rol van sout en lig in die wêreld kan speel, en ontelbare mense na saligheid sal lei!

Die outeur:
Dr. Jaerock Lee

Dr. Jaerock Lee is in 1943 in Muan, Jeonnam Provinsie, Republiek van Korea gebore. Gedurende sy twintigerjare het Dr. Lee vir sewe jaar aan 'n verskeidenheid ongeneeslike siektetoestande gely, en op die dood gewag, met geen hoop op herstel nie. Nogtans, eendag gedurende die lente van 1974 het sy suster hom saam kerk toe geneem. Terwyl hy gekniel het om te bid, het die lewende God hom onmiddellik van al sy siektes genees.

Vanaf die oomblik wat hy die lewende God ontmoet het, deur die wonderlike ervaring, het Dr. Lee vir God met sy hele hart opreg liefgehad, en in 1978 was hy as 'n dienskneg van God geroep. Hy het vuriglik gebid met ontelbare vastingsgebede sodat hy duidelik die wil van God kon verstaan, en dit volledig ten uitvoer kon bring, en die Woord van God gehoorsaam. In 1982 het hy die Manmin Sentrale Kerk in Seoul, Korea gestig, waar ontelbare wonderwerke van God, insluitende wonderbaarlike genesings, tekens en wonderwerke al plaasgevind het. Sedertdien gaan dit by sy kerk nog steeds voort.

In 1986 was Dr. Lee as 'n pastoor by die jaarlikse vergadering van die Jesus Sungkyul Kerk van Korea georden, en vier jaar later in 1990, was daar begin om sy preke na Australië, Rusland en die Filippyne uit te saai. Binne 'n baie kort tydperk was meer lande deur middel van die 'Far East Broadcasting Company, the Asia Broadcast Station, and the Washington Christian Radio System' bereik.

Drie jaar later in 1993, was Manmin Sentrale Kerk aangewys as een van die "World's Top 50 Churches" deur die Christelike Wêreld tydskrif (VS) en hy ontvang 'n Ere Doktorsgraad van die Christelike Geloofs Kollege, Florida, VSA, en in 1996 ontvang hy sy Ph. D. in Teologie van Kingsway Teologiese Kweekskool, Iowa, VSA.

Sedert 1993 het Dr. Lee wêreld evangelisasiewerk uitgebou deur baie oorsese kruistogte in Tanzanië, Argentinë, Los Angeles, Baltimore Stad, Hawaii, en New York Stad van die VSA, Uganda, Japan, Pakistan, Kenia, die Filippyne, Honduras, Indië, Rusland, Duitsland, Peru, Demokratiese Republiek van die Kongo, Israel en Estonia aan te bied.

In 2002 was hy as 'n "worldwide revivalist" vir sy kragtige evangeliebediening in verskeie oorsese kruistogte, deur die groot Christelike nuusblad in Korea, erken. In besonder was sy 'New York Crusade 2006' gehou in Madison Square Garden, die wêreld se beroemdste optree arena. Die optrede was na 220 nasies uitgesaai, en in sy 'Israel United Crusade 2009', gehou by die Internasionale Byeenkoms Sentrum in Jerusalem, het hy dapper aangekondig dat Jesus Christus waarlik die Messias en Redder is.

Sy preke word na 176 nasies per satelliet insluitende GCN TV uitgesaai. Hy was ook as een van die 'Top 10 Most Influential Christian Leaders' van 2009 gelys. In 2010 ook by die populêre Russiese Christelike tydskrif, In Victory, en die nuusagentskap Christelike Telegraaf, vir sy kragtige evangeliebediening tydens televisie-uitsendings, en oorsese kerklike pastoraatwerk.

Sedert Mei 2013 is Manmin Sentrale Kerk 'n gemeente met meer as 120,000 lidmate. Daar is wêreldwyd meer as 10,000 kerktakke insluitende 56 plaaslike kerktakke, en meer as 129 sendelinge is na 23 verskillende lande gesekondeer, insluitende die Verenigde State, Rusland, Duitsland, Kanada, Japan, China, Frankryk, Indië, Kenia en baie meer tot dusver.

Tot op datum van hierdie publikasie, het Dr. Lee reeds 85 boeke, waaronder topverkopers soos,' Tasting Eternal Life before Death, My Life My Faith I & II, The Message of the Cross, The Measure of Faith, Heaven I & II, Hell, Awaken, Israel!, en The Power of God' geskryf. Sy werke is in meer as 75 verskillende tale vertaal.

Sy Christelike Kolomme verskyn in 'The Hankook Ilbo, The JoongAng Daily, The Chosun Ilbo, The Dong-A Ilbo, The Munhwa Ilbo, The Seoul Shinmun, The Kyunghyang Shinmun, The Korea Economic Daily, The Korea Herald, The Shisa News, en The Christian Press'.

Dr. Lee is tans 'n leiersfiguur by baie sendingorganisasies en verenigings. Posisies sluit in: 'Chairman, The United Holiness Church of Jesus Christ; President, Manmin World Mission; Permanent President, The World Christianity Revival Mission Association; Founder & Board Chairman, Global Christian Network (GCN); Founder & Board Chairman, World Christian Doctors Network (WCDN); and Founder & Board Chairman, Manmin International Seminary (MIS).'

www.ingramcontent.com/pod-product-compliance
Lightning Source LLC
LaVergne TN
LVHW021805060526
838201LV00058B/3243